湛庐 CHEERS

与最聪明的人共同进化

HERE COMES EVERYBODY

THE LEARNING TREE

什么是学习树

树枝

学业技能

阅读能力、算术能力、表达能力、写作能力、以及组织能力等基本学业技能.

树干

**层层递进的
9 种思维能力**

9 种思维能力得到顺利发展，就能充分用于学业以及社交上。9 种思维能力分别是：

1. 注意世界
2. 参与世界
3. 互动和交流
4. 共同解决问题
5. 利用有意义的想法
6. 逻辑思维
7. 多因素思维
8. 比较思维和灰色地带思维
9. 反思性思维

树根

**感觉系统
（听觉、视觉、嗅觉和触觉）**

儿童通过感觉系统吸收来自外界的各种信息。

轻松提高成绩的学习树法

The Learning Tree

[美]

斯坦利·格林斯潘
Stanley I. Greenspan

南希·桑代克·格林斯潘
Nancy Thorndike Greenspan

著

李瑾

译

中国财经出版传媒集团
中国财政经济出版社

重启学习的激情

面对大千世界，小孩子总是怀着强烈的好奇，充满热切的期待，还有发自内心的喜悦之情。不信，请看一看他们因激动而睁大的双眼，想一想他们因惊奇而张大的嘴巴，听一听他们因愉悦而发出的爽朗笑声。每个做父母的人对此都不陌生。当小孩子发现新奇事物时，上述种种表现屡见不鲜，我们已经习以为常了。

小孩子热爱学习。从他们呱呱坠地的那一刻起，学习的热情便与他们的脉搏一起跳动，从此与他们结下不解之缘。小孩子的感官机敏无比，盼望在知识的海洋里畅游。无论何时何地，只要遇到新事物，发现新问题，他们就会抓住机会、刨根究底。不管是哪个领域的内容，只要能够开阔他们的视野，拓展他们的知识，他们定会孜孜不倦地追求。小孩子对学习的热爱与渴望永无止境。

然而，对不少孩子来说，虽然他们的求知热情非常强烈，但对待学习却不能持之以恒。他们一旦走进课堂，要么嬉笑打闹，要么如坐针毡，要么交头接耳，思想总是开小差，精力很难集中。那么，到底是哪个环节出了问题呢？当展现在孩子面前的世界越来越丰富、越来越精彩的时候，究竟发生了什么，让这些酷爱冒险活动的小精灵们看似失去了好奇心呢？

记忆不能取代思考

在过去的教育方式中，孩子们在童年时期主要通过反复识记和练习来学习，这个过程中很少有激动人心的时刻。如果孩子学得不好或犯了错误，挨板子更是家常便饭。后来，教育家们深刻地认识到，让孩子爱上学习必须关注读写所需要的各项基本能力，如辨别各种语音模式（sound patterns）的能力以及各项基本运动技能（motor skills）。一旦这些基本能力成为孩子学习的核心能力，那就会强有力地推动孩子朝着自然的学习方式迈进。但遗憾的是，对不少孩子来说，随着他们要探索的未知世界的不断扩大，早期那种对一切新鲜事物的好奇感却被逐渐消磨殆尽，最终荡然无存。

如果你感到上述现象在你的孩子或你的学生身上时有发生，我们希望本书所阐述的新的学习方法能够重新点燃他们对知识的热情，激发他们感受勤奋学习的快乐。

对这套新的学习方法的研究始于 1975 年。当时，几位儿科医生、精神病学家和心理学家共同组建了一个研究小组，探讨儿童早期的智力发育和情感发展问题。研究小组的开创者贝里·布雷泽尔顿（Berry Brazelton）、雷吉·劳里（Reg Lourie）、塞尔玛·弗雷伯格（Selma Fraiberg）和埃德·齐格勒（Ed Zigler），以及后来的年轻一代，包括我本人在内，致力于开启一个儿童教育的新时代。那些探索儿童成长问题的先驱者们已经在这一领域奠定了坚实有力的基础。弗雷伯格博士在《魔法岁月》(*The Magic Years*)[①]一书中，曾就儿童如何学习知识等诸多问题进行了深入讨论，为我们带来了一种崭新的教育理念。例如，她探讨了儿童如何认知各种模式、如何习得逻辑等。但即便如此，在公众的认知中，“婴幼儿”和“青少年”等概念仍然没有那么深入人心。

我们研究小组的工作是从研究婴儿阶段的问题开始的。当我们向其他儿童发展与成长专家解释这一研究的目的时，他们的反应通常是：“婴儿能有什么认知问题或情感问题呢？”

问题就在这里。我们最初的目标是勾画出儿童智力发展和情感发展的基本行为模块（building blocks）。在过去的许多年里，我[②]与同事们花费了大量心血，试图弄清楚什么是健康的成长过程，为什么在儿童成长过程中会出现各种预料不到的问题。现在，我们找到了一部分答案。一旦我们了解了基本因素是如何契合在一起的，就能够懂得孩子们在哪个年龄段需要什么，并确定每个孩子需要强化哪些行为模块。

本书正是我们多年研究成果的总结。我们采用发展的方法，跳出常规的基本学术能力的框架，甚至跳出了潜在能力的范畴，例如，我们通过识别孩子在阅读时的语音和形式，试图阐明孩子的各项基本学习能力是如何发展的。

---

① 著名儿童精神分析专家塞尔玛·弗雷伯格在《魔法岁月》一书中详尽阐释了 0～6 岁孩子的精神世界。本书中文简体字版已由湛庐引进并策划，浙江人民出版社 2015 年出版。——编者注

② 本书中的第一人称一般指斯坦利·格林斯潘博士。

所谓“以发展的方法看待儿童在学习过程中产生的问题”，就是将儿童所有的感觉系统和运动系统等诸多因素整合起来进行研究。最重要的是，在利用和整合儿童本身的各项自然能力方面，发展的方法就是确认情感在整个发展过程中所起的不可忽视的重要作用。因为在儿童的早期发展阶段，就是他们所具有的各种情感让他们能够利用自己的所见、所闻、所尝、所触等来规划自己的运动行为的。情感首先通过感官这个生理系统开始运作；然后，通过人际交往方面的体验，激起儿童在现实世界中产生某种兴趣，从而创造内在的精神生活。换言之，如果把儿童在各个方面的思想意识比作一支乐队，那么各种情感就是“乐队指挥”。因此，理解情感如何塑造儿童的思想意识，并将它们整合为一个整体，便是理解发展的方法的关键。

一个人不管智商多高，都有自己的优势和不足。对每个人来说，充分利用发展的方法能够最大限度地发挥我们的潜能。就拿爱因斯坦来说，虽然他在说英语的国家里生活了 20 多年，但是他尽可能地避免讲英语，因为他的英语讲得非常蹩脚。作为世界上屈指可数的伟大天才之一，爱因斯坦竟然连许多普通人轻而易举就能学会的技能都掌握不了，可见人的能力发展有多么不平衡。如果可以和爱因斯坦交换一下境遇，我们可能不会介意遇到他遇到的问题。如果我们的孩子也有幸发现了相对论，我们就不会庸人自扰，为他能否学会一门第二外语这种小事而烦恼了。然而，爱因斯坦在外语方面遇到的困难无疑证明了一点，那就是，即便是最伟大的天才也存在劣势。人的某种能力一旦获得发展，就会在大脑中形成新的神经通路。如果我们能在早期发现孩子身上存在的问题，并给予孩子一些额外的训练，使他克服自身的困难，那么在孩子的发展过程中，生物性就不会是最终起决定作用的力量。

那些看似存在学业困难或者缺乏好奇心的孩子，他们早期那种对学习所怀有的惊喜之感和兴奋之情是能够被重新唤起的。在我们所推崇的发展方法中，儿童与生俱来获得知识的方式，也就是他们第一次向父亲或母亲求助时就使用过的那些方式，构成了他们未来学习的基础。经过几十年的研究，通过观察儿童的学习方法如何形成和发展，我们画出了一幅儿童成长发展的“地图”。这张地图（见彩图）表明了儿童基本能力的发展过程，在基本能力的基础上，他们形成了关键性的、最为重要的核心能力，如思考问题和解决问题的能力。对那些上学容易迷路的孩子来说，我们能够精确地定位孩子到底在哪个环节出现了偏差，然后将精力集中在这一环节，对孩子进行相应的训练。

起初，一切都非常简单，因为点点滴滴的新知识都是在原有知识的基础上逐步建立起来的。以学会阅读的过程为例，我们知道，婴儿能够很快地辨认出其看护人的不同声音，然后根据这些声音建立不同的语音模式。随着逐渐长大，他们首先能用这些声音来解读口语，并最终解读书面语言。深入了解这个过程使我们不仅能提高每个孩子的阅读理解能力，还能帮助孩子更深刻地理解语言，增强对语言的敏感性。这些成长地图和许多其他步骤使我们能够帮助那些在学习中苦苦挣扎的孩子，让他们学得轻松愉快。要想做到这一点，关键在于懂得如何扬长避短。

与此同时，我们很早就建立了数学和科学推理图示。我们考察了儿童如何学会“许多”（a lot）就是“比他们需要的要多”（more than they need），“一点儿”（a little）就是“比他们需要的要少”（less than they want）。我们还考察了儿童如何逐渐理解数字及其他象征符号，因为我们会用数字和其他象征符号来量化并操纵物品的不同数量。

通过这些研究，我们获得的最有价值的经验，或许就是深入了解儿童成长的各个阶段。孩子们正是经历了这些不同的阶段，才逐渐学会了思考以及解决问题。这些不同的成长阶段重新定义了各个年龄段的儿童以及成年人的学习经验和学习潜能。思维能力是学业能力的基础。令人遗憾的是，现如今，思维能力往往只是教育的随机副产品，却不是教育的根本目的。

有时候，教师和家长在教育孩子时，往往将精力集中在以记忆而不是以思考为基础的学习上。通过记忆，孩子能流利地背出九九乘法表，或者不假思索地说出各种数学公式，却不能理解它们到底是什么意思。一个孩子可能会认为，如果自己能够背出“2加3等于5”，或者从头到尾背诵一遍字母表，他就完成了学习任务，万事大吉了。可是即便背诵正确了，如果孩子并不能真正地理解5是一个比2大的数字，我们又该怎么办呢？为了弄懂5比2大，孩子需要在脑中想象一幅相对数量的画面。基于记忆的学习方法无法支撑孩子走得更远，一般说来，小学二年级以后，孩子就不能单纯地利用这种方法来应对学业了。但是，只要不是用记忆代替了思考，而是利用记忆加思考的方法，对孩子就没有危害。在学校里，随着孩子各项能力的发展，他们必须理解所阅读的各种内容中包含的事实；他们必须能够思考，也就是能够把事情想明白、拆解开，并且灵活地处理其中蕴含的各种思想。这些天生的能力要想得到发展，最初的每一小步都不可小觑，因为这些能力在孩子非常小的时候就开始形成了，并在今后的每一个发展阶段得到不断强化。

什么是学习树

本书中，我们利用“学习树”这一概念，具体阐述构成学习能力的三个基本要素：学习树的树根代表儿童吸收信息和制订行动计划的各种不同方法，如怎样对自己所听、所见、所闻、所触的事物进行解码；学习树的树干代表思维能力，即日益复杂的思维方式的发展，重要的是，孩子不仅要将思维能力用于学业课程，还要将其用于经营朋友关系及家庭成员关系之中；学习树的树枝代表阅读能力、算术能力、表达能力、写作能力，以及组织能力等基本的学业能力。

通常来说，树根是吸取营养物质的，它负责接收信息和处理信息。在树根这一层次中，我们要讨论的是孩子在信息处理过程中遇到的各种困难，如听觉或者视觉－空间等方面存在的问题。树干是孩子基本能力的核心，它负责对信息进行整合加工，这样他们才能正确地思考。树枝，连同其缤纷的花朵和丰硕的果实，代表孩子具体的学业能力。一旦孩子在这些涉及基本学业能力的领域遇到困难，就很容易识别出来。为了使学习树的树枝蓬勃发展，枝繁叶茂，就必须要求学习树的其他各部分健康强壮，而其他的教育方法往往忽略了这一根本事实。

学习树的理念适合所有的孩子：存在学习障碍的孩子可以将障碍转化为优势；已经具有学习优势的孩子则可以继续强化已有的优势。通过确定各种行为模式，我们找到了新的发展方法，从而帮助那些在学习上存在障碍的孩子。这些模块使孩子能够很好地遵守指令，进行阅读、写作、算术，理解科学、历史及其他社会科学。强化思考和解决问题的能力能够帮助所有孩子，使他们成为具有创造力和思辨能力的个体。

纵观全书，我们主要讲述以下内容：

- 儿童的每一项关键能力和关键技能是如何发展的；
- 儿童的各种情感是如何调动起他们的兴趣并促进学习的；
- 儿童是如何在各个思维层次上利用各种感觉和各项运动技能的；
- 儿童是如何学会将推理和思想用于生活中的不同情景的。

本书的主要阅读对象是家长。不过，对那些奋斗在教育一线的教师们来说，书中的内容也同样有益。

书中提到的建议，你可以按照几种不同的方法来使用。其中主要的一种就是理解发展的概念，另一种是思考你的孩子在成长初期的各种行为模式。一旦你理解了这些模式，试着回头想一想你的孩子在成长初期的种种情形，便有助于你确认造成孩子现在的学习障碍的根源。即使此时此刻你什么也没有想到，其中的某个模式也极有可能成为你解决当前问题的关键。

按照传统的观点，帮助孩子解决学习问题意味着，要么增强他们的感觉系统，如视觉；要么加强某个特定能力的训练，如阅读。这些方法都是行之有效的。不过，我们的重点在于让孩子学会思考。本书所介绍的发展的方法，就是将感觉系统和对思考的全新理解融合在一起，从而找到解决方法，而这样的解决方法则能直达孩子在学校遇到的大多数问题的核心。一旦解决方法确定，随着孩子的成长，这种方法就能培养孩子动态的思考能力。所以在本书中，我们用学习树来作隐喻，只要树根、树干和树枝共同协作，学习树就会成长为参天大树。

在本书的第一部分，我们将介绍萨莉的故事以及她在学习和交往过程中遇到的各种困难，并阐述学习树法是如何帮助萨莉这类有学习障碍的孩子的。目前，即使在小学一年级，各种测试也备受关注，所以我们也会讨论这些测试的用途及其误用，其中包括智商测试。

在第二部分，我们将介绍玩耍在学习中所起的重要作用，以及如何更好地利用儿童的玩耍与他们进行日常互动。我们把这叫作与孩子一起度过“地板时光”（Floortime）。上述每一个步骤都会对孩子的学习起到重要作用。我们还会讨论如何强化学习树的树干，即各级思维层次。论述思维层次的几个章节，与第三部分论述学习树的根基，也就是感觉系统的几个章节，共同为之后的内容打下了基础，让我们能找出“杰克不能阅读”背后的真正原因。有的章节后还附有小测试，这些测试的问题能够帮助家长确认，是否需要再做额外的努力来解决孩子的问题。

最后，在第四部分，我们将讨论学习树的树枝，即孩子所需要的学业能力。

另外，在全书的论述中，我们会穿插各种各样的例子。这些例子体现了学校的课程设置如何与这些思维层次密切相关。在本书中，我们使用的课程表来自华盛顿哥伦比亚特区的西德威尔友谊学校（Sidewell Friends School）。在此，我们谨向西德威尔友谊学校（以下简称友谊学校）的校长理查德·洛迪希（Richard Lodish）表示衷心的感谢，感谢他为我们提供了范例。此外，我们还要感谢友谊学校的老师，是他们为我们提供了生动丰富的学习环境。

优秀且有意义的教育应当满足接受教育的每一个孩子的需要。有了恰当的教育经历，孩子们就会沿着成长的阶梯一步步向上攀登。**我们的最终目标是，通过教育使孩子们为未来的生活做好准备，帮助他们拥有思辨能力和清晰的沟通表达能力，解决他们在家庭、工作和社会中所遇到的各种问题。**为实现这一目标，我们需要帮助孩子们掌握足够的学习技能，以使他们的学习动机起主导作用，从而使他们获得一个丰富而又复杂的思想世界。如果孩子不喜欢读书，可能是因为他感到读书非常困难。可是一个 6 岁的孩子是不懂得读书有多么困难或者多么容易的，他所知道的只是读书不好玩，所以他宁愿做一些对他来说更容易获得成功的事情。我们的目标是，让孩子在学习方面有所成就，并且能享受其中的乐趣。

你知道如何轻松帮孩子提高成绩吗?

扫码鉴别正版图书
获取您的专属福利

- 儿童教育专家斯坦利·格林斯潘开创的“地板时光”疗法已被广泛用于对有心理障碍和学习困难的孩子进行诊断和治疗。这是真的吗?

  A. 真

  B. 假

扫码获取全部测试题及答案,
了解孩子学习问题的根源及
解决方法。

- 儿童教育专家斯坦利·格林斯用“学习树”这一隐喻,阐述构成学习能力的三个要素,其中树根代表:

  A. 思维能力

  B. 组织能力

  C. 吸收信息和执行计划的不同方法

  D. 表达能力

- 以下哪项是导致孩子注意力不集中的可能原因?

  A. 声音处理问题

  B. 视觉 – 空间信息处理问题

  C. 某一特定感觉系统存在调节问题

  D. 以上全部

扫描左侧二维码查看本书更多测试题

目 录

第一部分
学习树：一种解决学习困难的方法

孩子生来就热爱探索与学习，哪怕是面对危险的事物，他们也想抓住机会一探究竟。但是为什么总有些孩子不能将这种对新知识的渴求延续到学校的课堂上呢？是什么导致他们出现了学习困难呢？也许你觉得他只是不擅长阅读，但是你可能没有想过，不擅长阅读也会导致其他方面的学习困难。

第二部分
树干：9 个逐级递进的思维能力

从简单地关注世界到深刻地反思自己，随着年龄的增长，每个人思维能力的发展都经历了 9 个层层递进的过程。就像万丈高楼平地起，每一层都是更高一层的基础，无论在哪一层出现问题，都会给下一层的发展带来阻碍。身为父母的我们也未必能顺利发展到思维能力的最高层。

第三部分
树根：动员和协调全部感觉系统

我们身体的感觉系统每天都在接收各种纷乱复杂的外部信息，就像不断从土壤中汲取营养的树根，但是不同的孩子对同一信息的理解可能完全不同。他们表现出的似乎都是注意力不集中，但有的孩子问题出在不能对听到的声音进行正确解读，有的孩子问题出在不能对即将开展的活动进行合理规划。

第四部分
树枝：完善和丰富各种学习技能

解决学习困难的关键在于充分调动孩子的情感，激起他们的兴趣，然后在此基础上反复练习各种思维能力。无论是寻宝游戏还是类比举例，最终都是为了给孩子营造出他们熟悉的或令他们感兴趣的情感环境，使他们自然而然地参与其中进行学习。

第 一 部 分

学习树：

一种解决学习困难的方法

THE LEARNING TREE

孩子生来就热爱探索与学习，哪怕是面对危险的事物，他们也想抓住机会一探究竟。但是为什么总有些孩子不能将这种对新知识的渴求延续到学校的课堂上呢？是什么导致他们出现了学习困难呢？也许你觉得他只是不擅长阅读，但是你可能没有想过，不擅长阅读也会导致其他方面的学习困难。

01
问题的根源在哪里

在这一章里，我们先讲一讲萨莉的故事，以此说明我们在研究学习障碍问题时所采用的方法，并分析导致这些障碍出现的各种原因。之后便会详细介绍与研究有关的概念、学习障碍涉及的具体问题，以及相应的解决方案。

萨莉的故事

9 岁的萨莉走在放学回家的路上，她慢腾腾地在人行道上溜达。像往常一样，她今天又装了满肚子的心事，这些心事可不是什么让人愉快的事。上学可真不容易啊，萨莉每天都有这样那样的烦心事！她心里反复琢磨着今天学校里发生的事。

“唉，如果老师没点名叫我读课文该多好啊！”萨莉边走边想，“如果我没读的话，事情可能就不会像现在这么糟糕。可是，老师点名让我站起来读，我又偏偏出了那么多的错，唉，我真笨！读得不快不说，还没弄懂老师的要求！有时候，我真是啥事儿都干不好！”

原来是阅读练习做得不好！从那以后，萨莉就对自己特别苛刻。因为读课文太费劲，萨莉觉得在同学们面前抬不起头来。面对老师的提问，她总是惊慌失措，虽然她极力想弄懂老师的要求，却无济于事。她心里想："要搞明白老师到底想让我干什么可真难！老师的要求太多了，如果当时我问问老师有哪些具体要求就好了，可那样的话，那些女生一定会笑话我。真不知道她们在心里会怎么想我。"

萨莉心里冒出来的这些想法很容易引发一些其他的疑问。比如："班里别的女生是怎么看待我的呢？她们可能不是很喜欢我。有时她们倒是挺不错的，有时却不怎么样。那些女生喜欢我吗？我还真说不准。如果能成为她们的朋友该多好啊！课间休息时，她们会答应让我和她们一起玩吗？如果我不那么胆小，能试着和她们一块儿玩就好了。唉，说不定我再也不能和班里的那些女生闲聊了……"萨莉苦恼极了。

回到家，这些苦恼仍然阴云般笼罩着萨莉。萨莉的妈妈马上意识到女儿在学校又遇上了一些不痛快的事情。妈妈总是那么善解人意，所以萨莉将自己的烦恼一股脑儿地抖搂了出来。妈妈听明白了：萨莉读课文时遇到了尴尬的境况，还有，因为弄不明白老师的要求，萨莉产生了困惑。妈妈倾听着女儿的困惑，这些困惑都跟和别的女孩的交往有关。"有时候吧，"萨莉向妈妈承认道，"在课间，那些女生会开我的玩笑，她们是善意地表示友好呢，还是不怀好意地取笑我呢？我真有点儿拿不准，搞不清楚自己要不要搭腔。妈妈，课间实在是太吵了。"

好可怜的萨莉！妈妈拥抱了一下女儿。让女儿这么伤心的事，就是对妈妈来说，也很不容易处理。妈妈觉得自己可以听萨莉说出她的想法，在女儿做得不错的那些事情上鼓励她，可除此之外，她要怎么做才能真正地帮萨莉一把呢？

萨莉是个多才多艺的孩子。她喜欢绘画，现在已经画得很不错了；她还善于为人引路，曾经帮助妈妈到过很难找到的地方并顺利返回；在家里，她的思想也颇有见地，能将自己与弟弟的晚间闲聊营造得有声有色；甚至在学校里遇到烦恼，她也能做到不急不躁。

不过，妈妈也知道萨莉的困境。萨莉的身体协调能力发展得不是很好，因此，她在舞蹈和体育方面的表现有所欠缺；她的身体控制能力也存在一些问题，例如，她有时分不清左、右侧。上体育课时，她单腿站立很难保持平衡，或者闭上双眼就不能站稳。对此，萨莉感到很苦恼，苦恼程度不亚于她在阅读方面遇到的麻烦。

萨莉在阅读方面存在的问题是，任何超过两个音节的词都让她感到困惑，她一着急，说起话来就会结巴；如果老师问她“此处作者指的是什么”或者“这段内容的主题是什么”，萨莉就很难理解。老师想让她在课堂上多多练习，希望通过这种方式帮助她提高，所以经常叫她回答问题。

萨莉遇到的问题在许多孩子身上都屡见不鲜：存在学习障碍，在学习过程中遭遇难堪，因为无法与同学融洽相处而感到尴尬不已，有失败感，等等。有的家长经常就此咨询阅读方面的专家。但是，在阅读方面有障碍的孩子往往存在更多更基本的问题——那些问题看上去不一定与阅读障碍有关系。这些深层次的问题会影响孩子在其他方面的表现，如学业方面、情感方面和社会交往方面。事实证明，如果不对这些深层次的问题进行单独研究，而是单纯地指望通过具体的矫正性阅读技巧来改善孩子的阅读障碍，那么这样的改善通常收效甚微。

所有这一切表明，孩子在学校突然表现出的某个具体的学习问题可能只是冰山一角（但是请勿恐慌，那只是一座小冰山）。这就是为什么为了帮助孩子克服这一障碍，我们需要全面地欣赏和理解孩子。考虑到学习的基础包括每个孩子的独特性和一系列的行为模块，所以如果试图把这些模块整合在一起，并且找出合适的解决方案，那就需要一个系统的方法。

学习树为儿童的发展提供了一种循序渐进的方法。在讨论如何厘清这一方法之前，我们先稍微深入地看看萨莉的问题到底出在哪里。

帮助萨莉找到问题

我们先来看看萨莉的阅读情况：在学习读出一个新词时，萨莉不能抓住单词的语音差异。例如，为了将“buh”这一语音与表示视觉形象的字母“b”联系起来，你就要听到并想象出“buh”“duh”“guh”“huh”等字母之间的差别。如果是一个重读音节或是非重读音节，那你除了要听到这一声音，还必须理解这个词的节奏。而有些孩子，甚至有些成年人，很难听得出这些节奏。如果你没有节奏感，那你在练习朗读方面就要多下点功夫了。说老实话，我本人的节奏感就不强。

记忆力不错的孩子通常会直接忽略对这项技能的练习，因为他们只需要单纯地从整体上记住这些词就可以了。但即使对这些孩子来说，完善听力和练习辨别这些不同的语音不仅值得去做，而且还非常重要。倘若你的孩子想当外交官或者想成为歌唱家，那就很有必要进行这方面的训练，因为这些职业需要说好几种语言。例如，区分法语中不同重音的“e”，对法语非母语者来说，即使是对那些听力很好的人来说，也不是一件容易的事。

无法辨别语音的问题对萨莉来说还只是个开头，这个问题还引发了一些其他的相关问题：她记不住三到四个音节序列构成的多音节词。萨莉发现，想把多个音节按顺序排列起来颇为困难，因为她不能很好地抓住某些特定的语音以记住顺序。因此，就加工信息而言，萨莉存在两个问题：辨别不同的语音，然后给这些语音排序——这说明她在更为基础的排序问题上存在困难。

萨莉意识到了自己在语音排序方面存在问题，因为她知道，一旦老师的说明和讲解涉及多个步骤，她就很难记住老师的要求，弄不明白下一步到底该干什么。不管是课堂上要求完成的写作还是课后布置的家庭作业，她都感到非常困惑。因为妈妈会帮助萨莉组织家庭作业，所以老师没有意识到萨莉在组织能力方面也存在问题。当然，在课堂上，由于读课文出现的差错而造成的尴尬只是加重了这些问题的严重程度。为了跟上老师的指令，组织好自己的想法，萨莉需要尽可能地将自己的关注点集中起来，而焦虑又使她在排序方面的问题更加严重。

有一天在课堂上，老师要求萨莉朗读选自《哈克贝利·费恩历险记》（*The Adventures of Huckleberry Finn*）的一个段落，而其他人朗读的则是《汤姆·索亚历险记》（*The Adventures of Tom Sawyer*）中的段落。读完以后，老师要求大家写一篇一页的小作文，来比较哈克和汤姆这两个男孩。即使对自己所读的内容不是十分有把握，萨莉也很清楚哈克和汤姆的具体不同点在哪里，因为她对哈克非常感兴趣。但是由于在朗读问题上受挫，她感到自己的想法支离破碎，很难组织思想，结果只是写了与哈克有关的那部分内容。

到现在为止，我们看到萨莉遇到的学习困难已经从开始的不能辨别语音扩大到不能给语音排序，最后发展成跟不上老师的要求，完成不了作业。在她生活中的其他方面，还存在一个与此相关的问题：就像读书本上的文字会让萨莉感到困惑一样，萨莉在领会他人意图的微妙差异方面也存在问题。这使她拿不准其他女生是否喜欢她，致使她进一步产生了颇觉挫败的迷茫感。

如果你的孩子也存在学习问题，那他可能也会因为友情问题而内心纠结。比起其他孩子，萨莉的友情问题显得更加突出。在萨莉的问题中，她在辨别语音和词汇的细微差别方面存在的困难影响了她的功课，也影响了她的社交能力，尤其是在大型团体活动中，例如，在操场上或者在聚会时，在这些场合下，萨莉不能在吵闹嘈杂的环境里加工处理感官输入的大量口头信息。

萨莉热情友好，朋友很多，特别是有两个从幼儿园开始就结交的好友，但是，正如萨莉自己所描述的那样，在操场上时，她与这两个好友的关系更为复杂。萨莉拿不准她们什么时候是在损她，什么时候是在与她闹着玩儿，什么时候又是真的对她好。有时候萨莉容易想当然，认为人们不喜欢她，结果后来从别人口中得知，某某竟然很喜欢她。萨莉看得出来，她的朋友在和其他人相处时总是悠然自得，而自己和其他人在一起时就浑身别扭。

虽然萨莉的学习障碍和社会交往障碍之间的联系起先并不明显，但若仔细想想便会觉得，这两者之间确实存在某种联系。一个人到底是在恶意贬损还是在善意地开玩笑呢？要想弄清楚这一点，需要十分敏锐的辨别能力，因为语调上极其细微的差别也会改变信息传达的意思。为了辨别清楚，萨莉可真是费了很大劲儿。如同她对词汇节奏和他人的话语含义"听觉不灵"一样，她对音乐也是"置若罔闻"，她曾煞费苦心地学过弹钢琴，可最后还是败下阵来。

厘清萨莉的各种问题

萨莉的阅读问题非常复杂，依我的经验来看，是非常典型的学习障碍问题。学习障碍有各种各样的表现。由于孩子们各有其相对的优势和劣势，因而总的表现特征错综复杂。孩子们在阅读、数学、写作、口语交流、注意力或组织能力等方面存在的学习障碍，如萨莉的情况一样，只是问题的冰山一角。

那么萨莉的问题到底出在哪里呢？为了找出学习障碍背后的原因，进而提供解决问题的方法，还是先看一看孩子在日常生活中的基本行为吧，也就是情感、社交和学习三个方面。只有通过评估孩子在各个方面所占的优势和劣势的比例，我们才能快速地了解孩子的总体情况。如果孩子在这些方面存在优势，那么就可以因势利导，找出相应的对策，排除学习障碍。

从萨莉的故事来看，她确实是有优势的：就情感方面来说，她不乏热情，能够坦言自己的感受；就社交方面来说，她朋友很多，与家庭成员的关系融洽；就学习方面来说，她富有逻辑性和创造性。在辅助性环境中，她的专注力也不成问题。因此，她能够进行各种复杂的思考。

我们知道，学习树由三个部分组成：树干，或称思维能力；树根，或称感觉系统；树枝，或称学业能力。据此，我们可以把萨莉具备的能力和存在的问题区分开来。

树干

我们把孩子的思维能力称为学习树的树干。在接下来的第二部分里，我们会全面而详细地解释思维的 9 个层次。现在，让我们先来看看一个 2 岁幼儿的思维水平。很显然，2 岁幼儿的思维不如 9 岁儿童的思维那么复杂。更高级别的思维层次是随着年龄的增长而逐步建立的。有时候，我们会在某一思维层次上停滞不前，或者在某种压力下丧失复杂深奥的思维能力。至于后一种情况，在那些有学习障碍的孩子身上表现得更为明显。

孩子到了 9 岁，也就是萨莉这个年龄，我们所期望的是他们的思维已经发展到最高层次，也就是具备一定的反思性思维能力，例如，同样是萨莉遇到的情况，有的孩子可能会说："我才不会因为这种事烦恼呢，可今天的垒球赛我落选了，倒是挺令人窝火的。"萨莉有能力朝着反思性思维这一层次发展。还记得她放学回家后对妈妈说的那番话吗？"在课间，那些女生会开我的玩笑，她们是善意地表示友好呢，还是不怀好意地取笑我呢？我真有点儿拿不准。"萨莉这么说看似很迷茫，可这只是事情的一部分。她并没有只是凭借某种主观推断就说"她们都很差劲，都讨厌我"，或者"她们都是我的朋友，都喜欢我"。上述两种反应都是用黑白分明的极端化思考方式来看待世界。相反，萨莉说的是"我真有点儿拿不准"，这表明她是具有反思意识的。

所以说，萨莉具备与年龄相符的基本思维能力，只是这些能力并不像我们所期待的那么稳定和广泛，因为她一着急就会对自己失去信心，思维水平就会下降，容易陷入要么全有要么全无的极端化思维。虽然她有能力去反思自己与其他女孩之间的关系，甚至在强调那些女孩喜欢她时，也不乏反思能力，可一联系到自己的智商，她有时就会失去反思能力，例如，当她对自己的阅读练习感到很不满意时，她就会退回到低一级的思维层次，说出"我蠢，我读得不如某某快"或"我笨，我考试得了个 C"这种话。她的思维能力缺乏灵活变通性，不具备本该有的稳定性。不过，她日常表现出的思维能力，让我们感到她在学习方面还是有很大潜力的。

树根

接下来，我们要看看学习树的根基，即感觉系统。我们已经知道，萨莉在理解语音的细微之处以及给声音排序方面存在困难。她的排序障碍影响了她在其他方面的能力。例如，阅读时，萨莉很难将声音与相应的字母联系起来，这使她在阅读中经常出现停顿，对信息的吸收也延迟了。

同时，上述问题还表明萨莉对巨大的声响非常敏感，例如，操场上嘈杂吵闹的环境就会加重她的负担，容易让她心烦意乱，导致她的思维水平下降。再加上萨莉在动作规划以及身体的空间感方面存在问题，所以即使在娱乐时间，她都会感受到巨大的压力。

幸运的是，萨莉具备另一个相对较好的能力根基——视觉－空间能力（她能轻而易举地帮助妈妈在陌生的城镇里穿梭），这使她不至于产生强烈的迷失感或者彻底的崩溃情绪，即使感到不堪重负，她也能够控制自己。

树枝

通过分析萨莉的思维能力和感觉系统，我们对她最初的问题——阅读障碍有了大概的了解，这是学习树的枝叶，或称具体的学业能力之一。阅读方面并不是萨莉唯一存在障碍的地方，排序障碍使她在说和写以及听懂指令方面也存在困难。没有人注意到萨莉的组织能力同样存在问题，因为她妈妈会帮她组织功课和学习。但是，组织能力也很重要，是另一个学业能力。另外，萨莉良好的空间感表明她对数学很有感觉，这有助于她学习科学，萨莉良好的动作控制能力使她在书写和绘画方面也不费吹灰之力。

帮助萨莉，从头开始

如何对萨莉的学习问题给出综合的治疗教育方案呢？为了让学习树的树枝繁茂，我们需要培育好学习树的根基，同时稳固学习树的树干。

强化反思性思维能力。首先我们要帮助萨莉发展反思性思维能力。这样，她在焦急时就不至于退回到低一级的思维层次上。一旦陷入迷茫或焦急状态，萨莉就能够提醒自己："出现这种情绪时，记住要把精力放在老师身上，要多加注意老师的话。如果能再听一遍老师的要求，或者能举手发问而不去担心有人说自己犯傻，那就能弄懂是怎么回事了。"当萨莉责备自己"犯傻"时，我们要帮助她认识到这究竟是怎么回事，并将"犯傻"这一感觉作为信号来提醒她，她有可以利用的优势。

同样，当萨莉在操场上玩的时候，我们也要提醒她，她具有发展反思性思维能力的优势。当她心理负担过重、不自信时，我们要提醒她多想一下那些不知是善意的玩笑还是恶意贬损的话，因为人有时候需要保护自己，以免受到伤害。大多数时候，我们主要还是想帮助萨莉进行反思。因为有了反思能力，她就能参加球类运动，甚至弥补她在运动规划与排序方面的不足。例如，她可以凭借敏锐的视觉能力，利用一个个小方框画出作文构思的示意图，来提醒自己想证明的问题，也可以用示意图的方式列出完成家庭作业的计划。

强化听觉处理及排序能力。在强化反思性思维能力的同时，我们还要通过一系列的训练强化萨莉的感觉系统，以发展她的听觉处理能力。为此，我们将设计一套游戏，提高萨莉辨别语音的基本能力，让她练习把声音与视觉形象结合起来。这一训练对她的阅读也大有裨益。此外，还要训练萨莉的排序能力，通过玩寻宝一类的游戏培养她领会口头指令的能力。因为在寻宝游戏中，需要不断遵循复杂的指令，这样的活动对萨莉整体运动能力的发展也有好处，可以帮助她分清左右，增强平衡能力，协调自身动作，提高舞蹈和体育运动技能，培养她掌控自己身体的信心。另外，我们将更多地利用她在视觉－空间方面的优势，即良好的空间想象能力，来强化她在其他方面的基本能力。

逐渐减少感官的过度活动。萨莉需要发展某些策略来控制周围的环境，以防被环境所控制。感官活动过度所产生的问题之一是容易感受到次级忧虑。次级忧虑是由听觉、触觉、视觉、嗅觉等引起的。人一旦有忧虑，就容易过度敏感。如果萨莉能暂离喧闹，出去休息一下，就可以培养控制能力，不会产生次级忧虑。事实上，随着次级忧虑的减少，她的敏感程度便会随着时间的流逝而逐步降低。

利用学习树的方法，我们不仅能帮助萨莉解决她目前存在的问题，而且能在各个层次上为她以后的能力发展打下更扎实、更牢固的基础。在后文中我们将深入探讨这一方法。

02
智商测试的误用

如果你家里有学习困难的学龄儿童，关于智商和智商测试的讨论就会不绝于耳。家长们为自己的孩子担心，这是可以理解的。如果孩子有阅读障碍，父母就会想，孩子能不能克服这一障碍？阅读障碍是不是缺乏聪明才智的表现？对任何思考这些问题的父母来说，这些问题确实很难回答。

多年来，教育体系依赖智商分数衡量孩子的智力情况，并以此判定孩子是否可能存在某些“认知缺陷”。孩子的智商在 100 分左右被看作智力平平，110 分是一般以上，120 分属于优秀，130 分及以上则属于非常优秀。智商在 90 分左右的孩子是一般以下，80 分左右属于灰色地带，80 分以下则属于智力发育迟缓，代表从轻微到严重认知缺陷的各个不同层次。对于一个有学习障碍的孩子来说，这样的智商划分有什么意义呢？

现在，让我们来看看什么是智商测试。从本质上来说，智商测试是一系列标准化测试。有些智商测试包括视觉系统，有些包括语言能力，有些则包括运动规划和排序能力，还有些包括运动系统的速度。学习树的所有认知能力都能由智商测试来确定，但问题是，智商测试中的各项任务都能恰如其分地评估孩子的各项认知能力吗？答案是“不能”。如果我们想评估孩子的运动能力和解决空间问题的能力，那就应该提供 10 ～ 15 项涉及该领域的测试任务，而不是简单的一两项。因此，智商测试只能反映孩子在某个特定方面的训练情况，或在那些具体的、以技能为基础的项目中的情况，而并不能反映孩子的全部能力。掌握孩子在某个特定项目方面的情况当然是有用的，因为有时你可以获得一些相关提示，据此推断孩子存在的某些优势或劣势。例如，如果孩子在词汇测试和图画排序测试方面得分较高，而在拼图测试方面做得不好，那表明他可能记忆力较好，但是不擅长解决空间问题。

简单地说，智商测试并不是一个完整的属性描述，我们也无法根据智商测试的总分对孩子的能力做出公正的评判。

那么，评价儿童的智力水平还要考虑哪些其他因素呢？就学习树的树干而言，我们要看孩子的思维能力、社会交往能力和情感能力的发展水平，因为社会交往能力和情感能力与思维能力是并行的，并对思维能力起支撑作用。这也为我们提供了一个理想的框架，使我们能从更宽泛的意义上探讨智力问题。因此，我们可以在孩子付出努力的各个领域，包括学业范围和非学业范围，通过考察其认知、感觉和情感等方面的发展情况来评价他的智力水平，而不仅仅局限于单纯的智商测试。弄明白孩子在哪些方面需要帮助之后，我们就能更好地分析学习树的树根及树干体系，然后考察他在各个树枝方面的具体表现。

心理功能（mental functioning）是动态发展的，孩子一时落后并不意味着他明年也会落后，或者从现在起 5 年之内一定落后。我们要考察孩子的学习曲线图（learning curve）是如何随着时间的变化而变化的。如果孩子尚未获得机会去掌握某一具体的思维能力，那就没有理由要求他在这个方面具有足够的能力。我们需要给他提供充分发展的环境，从而发展这方面的技能，并观察他的学习曲线图发生了哪些变化。有趣的是，这一观点与智商测试的发明人、法国心理学家阿尔弗雷德·比奈（Alfred Binet）的观点有异曲同工之妙。比奈认为，思维能力并不是固定不变的，可以采取补救措施来提高薄弱环节。显然，他反对那些把智商看作固定分数的人的观点：

> 一些哲学家坚定地宣称个人智力是定量（fixed quantity）的，并且定量不能提高，这看起来是给了那些可悲的定论以道义上的支持。我们必须抗议并反对这种残酷的悲观主义观点。我们必须证明这样的说法是毫无根据的。

一般来说，我会用至少两年的时间去综合考察孩子的学习、成长以及发展等各方面的能力，使之尽可能地协调发展，达到一个理想状态，否则我会拒绝下结论，认为孩子存在认知缺陷或者智力缺陷。只要孩子的学习曲线图在这两年中处于上升趋势，除了暂时性的情况，就不存在所谓认知缺陷这一说法。不存在认知缺陷当然也就意味着不存在永久性的智力缺陷了。

如果你的孩子已经具备了扎实的思维能力，各种感觉系统都已得到强化，即拥有一棵根基良好、树干牢固的学习树，那他就已经为学校的学习做好了准备。他在掌握学业课程方面做出的实际努力会使一切顺利发展。如果你的孩子还需要训练某些感官能力，那也没关系。不管什么时候，只要他在学习阅读、算术、写作、口语交流、注意力或组织能力等方面遇到障碍，那就回到学习树的树干或者树根系统上来，看看是否要做些更为根本性的努力。

第 二 部 分

树干：

9 个逐级递进的思维能力

THE LEARNING TREE

从简单地关注世界到深刻地反思自己，随着年龄的增长，每个人思维能力的发展都经历了 9 个层层递进的过程。就像万丈高楼平地起，每一层都是更高一层的基础，无论在哪一层出现问题，都会给下一层的发展带来阻碍。身为父母的我们也未必能顺利发展到思维能力的最高层。

03 玩和学的地板时光

游戏是儿童的天堂。游戏时间是幻想的时间，是玩过家家的时间，是角逐斗勇的时间，是自发的好奇心纵横驰骋的时间；游戏时间也是一群 5 岁的孩子与另一群 5 岁的孩子嬉戏耍闹的时间，是 2 岁的孩子抓沙玩土的时间，是 10 岁的孩子模仿马可·波罗远征探险的时间。从表面上看，玩就是单纯地找乐子，是生活乐趣的一部分。

想到这些玩耍的瞬间，仿佛猛然间看到一群调皮捣蛋的小淘气的种种冒险经历。但是略一思忖便会感到，不管是放风筝、逃出海盗的魔掌还是开侦探事务所，这群小淘气都会有所控制，总能做出决定，设法摆脱困境。转眼之间，他们成长的足迹已经走过昨天，走过那些自由自在、随意玩耍的日子，他们的智力也在玩耍中逐渐发展成熟起来。

现在，玩耍越来越受到重视。尽管在表面看来，玩耍是那么微不足道、不值一提，但在本质上，它却被看作具有某种神奇效果的东西。想象能力、自我控制能力和规划能力都与自由的、创造性的玩耍密切相关。这样的观点并非故弄玄虚。玩耍就是孩子们在后院玩的那些游戏：翻开一块块石头，好奇地盯着石头下忙忙碌碌的世界。任由孩子们在自己开发的世界里无拘无束地遨游吧，他们不需要任何援助。在玩耍中，孩子们给自己的想象力插上了自由的翅膀。

不仅是孩子，父母也会乐颠颠地进入孩子的游戏世界畅游。游戏时间为孩子和家长提供了彼此交流感情、分享快乐和亲密接触的机会。游戏机会如同游戏本身一样，已经具备了丰富的含义。但是，对孩子们来说，游戏的意义远不止于此，后文中我们会讲到，玩耍让孩子拓展了思维空间，丰富了他们的日常活动，这不仅对那些有学习障碍的孩子大有裨益，对所有的孩子都是有百利而无一害的。

对小孩子来说，这种特别的玩耍是从走到地板并坐在地板上的那一刻开始的，所以我们就称之为地板时光。但是，在地板上玩耍的时光与站立或静坐的时间并没有什么区别。度过地板时光的第一个目的，就是让成年人更容易进入儿童世界；第二个目的也是本书的目的，就是提高儿童的思维能力。这意味着在假装游戏中，或者在同样重要的日常的自发交流中，你要以一种特别的方式来关注你的孩子。

所有的孩子都会从这种额外的鼓励中受益匪浅；但是，那些有学习障碍的孩子不仅从地板时光中收获最多，而且他们需要的地板时光也最多。

如何精确定义地板时光

所谓地板时光，顾名思义，就是你与孩子一起坐在地板上玩耍度过的时光。但是这种玩耍具有特别的意义。在地板时光中，玩耍要引起孩子的兴趣，吸引他主动与你联系，你要向他发出挑战，刺激他的创造力，激起他的好奇心。记住，这一切都是自发的，并能使孩子在智力和情感方面向前迈进一步。地板时光是一种方法，不管你和孩子在哪里，都能把你们紧密联系在一起。当孩子长大之后，地板时光就会变成你们一起外出的时光。对任何年龄的孩子来说，你要做的只有三件事：

- 跟着孩子的思路走，不要越俎代庖，接管游戏或活动；
- 向孩子发出挑战，刺激他自发地产生创造欲望；
- 扩大活动和交流的范围，将所有感官和运动技能，以及喜、怒、哀、乐等不同情感都囊括进来。

一旦这样做，尽管看起来你是待在孩子的关注范围之内，实际上是在帮助孩子训练基本的思维能力。就像本书后文中将会介绍的那样，为掌握这些基本能力，改善基本的学习问题，孩子需要调动所有的感官、情感以及各项运动技能。

有时候，我们很容易忘记，游戏该由孩子而不是成年人来指挥。孩子才是领衔主演，你只是搭词的人，是一个非侵入性的配角而已。对大多数父母来说，即便演技再好，也无法跳出角色的框架，更不会获得奥斯卡奖。无疑，扮演好这一角色需要下一番狠功夫，尤其是对那些不善于追随他人的家长来说更要努力尝试。虽然你很难放开手脚去装模作样地扮老大，但是现在，为了孩子的发展，你需要这么做。即使你扮演的只是一个跟班，你也要尽心尽力配合，演好自己的角色。但是，你不能被动地参与游戏，因为你的孩子在当导演，所以你要巧妙地配合，帮助他使戏剧的内容更加丰富，情节更加生动。

学会与孩子一起度过地板时光，和学会一门外语有些相似。你要先思考、规划，努力进行有效的交流。一旦你学会了在新的语境下思考，在新的角色模式下不感到拘束，那么这个过程就会变得自然而然，学习过程本身也就得到了回报。

与孩子共度的地板时光

布拉德利的故事

5 岁的布拉德利正在地板上推着一辆推土机玩儿。推土机的前大斗把所有挡住去路的障碍物都推到一边去了。一路推下来，留下了小汽车、特种兵、变形金刚之类的玩具。电源的“咔嗒”声和发动机的“轰隆”声充满了整个屋子，都是从布拉德利嘴里发出的。妈妈走过来和布拉德利打招呼，布拉德利却根本无视妈妈的存在。妈妈不知道他是专心致志地玩推土机而没听见妈妈的招呼，还是仅仅腾不出空来应付一下。对妈妈来说，这都不重要，她正好趁此机会和布拉德利一起玩儿。

妈妈“咯咯”笑着，把一只脚放在推土机要经过的路上宣布：“强大的推土机先生，我是一个庞大的垃圾场。我敢和你打赌，你推不倒我。”听到这句话，布拉德利显然有点吃惊，但他还是鼓足了勇气，准备迎接这一艰巨的任务。他指挥着推土机径直朝妈妈的鞋子开过来。他确定妈妈抵不住强大的推土机。果然，妈妈的脚给推土机让路了。布拉德利的眼睛里闪烁着光芒，替他的推土机兴奋地大喊：“我是大力士！”然后，继续穿越所有的玩具，勇往直前。

现在，妈妈一只手从地板上捡起特种兵，一只手拿起变形金刚。她让这两个玩具都“冲”向推土机，让它们“告诉”布拉德利：“我们是飞毛腿，我们跑起来，冲向强大的推土机先生！”“推土机”

说："你抓不住我的。"布拉德利的推土机突然转向，掉头逃跑。两个追击者穷追不舍，妈妈嘴里不时发出低沉的"哦""啊"等声音。但是不管它们多么卖力，就是抓不住推土机。最后妈妈只好无奈地宣布："我们投降啦！"然后，妈妈问道："咱们一起跑，好吗？"布拉德利仔细考虑了一会儿，回答说："好吧，那就玩一小会儿。"妈妈把特种兵和变形金刚递给布拉德利。布拉德利把它们放在推土机上。妈妈问他需不需要帮他把玩具放好，以保持平衡。布拉德利告诉妈妈不需要，他能把它们安安稳稳地放在推土机上。"大力士推土机先生会走得慢一点儿的。"他说。玩具是放在推土机上了，但是推土机稍稍走得快一点儿，玩具就"哗啦"一声全掉下来了。妈妈说："哇！它们太坚强了，都没有受伤，但是看上去它们确实累得筋疲力尽了，它们可能需要坐下来休息一会儿。"布拉德利同意了。然后妈妈离开了，说等它们休息好了再回来。布拉德利也觉得这个主意不错。

妈妈与布拉德利一起做了许多非常有意义的事：她跟随布拉德利的思路，向布拉德利发出挑战，培养他的创造性，拓展母子之间互动活动的范围。

首先，妈妈引起布拉德利的注意，激起他的兴趣，这是思维能力的第一个层次，即让孩子对周围的世界产生兴趣。妈妈以一种玩耍的方式来拓展布拉德利的兴趣范围，其中包括妈妈及"垃圾场"；同时，她还鼓励布拉德利和她一起做游戏，自己也全身心地投入其中。与他人打交道是思维能力的第二个层次。随着这一切的顺利进行，妈妈和布拉德利不仅有语言上的交流，还有很多生动的面部表情、声调以及手势方面的交流。也就是说，他们既用生动的、非语言文字的身体语言进行对话，也用丰富的、富有表现力的语言进行交流，对此，我们称之为互动，即双向的交流，这也是思维能力的第三个层次。此外，妈妈还让布拉德利参与问题的解决，这就是思维能力的第四个层次。在妈妈提出问题之后，布拉德利不得不想办法解决，即如何才能通过或者绕过垃圾场，如何让特种兵和变形金刚稳稳当当地待在推土机上。

妈妈也为布拉德利创造了机会，让他有目的、有创造性地利用一些想法，这是思维能力的第五个层次。相比于布拉德利独自玩耍时，让推土机在周围疯跑或者横冲直撞，鲁莽地撞上某些东西，这次大力士推土机先生“轰隆隆”地推过垃圾场，还打败了两个不屈不挠的追击者，让他们投降了。布拉德利和妈妈在将新的观点联系在一起时上演了一场情景剧。将不同观点联系在一起，这是思维能力的第六个层次。

在与妈妈进行假装游戏的过程中，布拉德利调动了他所有的感觉系统，包括听觉思维、语言思维、视觉－空间思维、感觉调节，以及运动规划和排序，同时使它们得到了强化。

妈妈所做的一切证明了她具备陪孩子度过地板时光的娴熟技能和表演天赋。对妈妈的表现，我只有一个建议。在游戏终止时，是妈妈接管了整个戏剧。你意识到这一点了吗？最后，她建议让特种兵和变形金刚休息一下。但是，如果她这样问会更好：“布拉德利，它们这么兴奋地追赶，你觉得它们想干什么呢？”那样的话，布拉德利可能会继续导演这场戏，将它编下去。这就是让孩子成为这场戏的导演。布拉德利可能会说，它们累了，没劲儿了，因为吃了败仗不高兴，或者它们想做得更多；如果布拉德利想继续玩，而妈妈要暂时离开，去接布拉德利的姐姐放学，她就应该解释一下目前的状况，问问布拉德利，如果妈妈走了，特种兵、变形金刚和推土机能否做一会儿别的事。总而言之，就是给孩子一个机会，让他来决定如何安排自己的玩具。

然而，游戏没有必要“尽善尽美”，布拉德利的妈妈已经做得相当不错了。父母可以通过与孩子一起玩耍，或者通过家庭生活中的日常交流，来强化孩子的学习能力，只要父母有这方面的意识，这样的机会不胜枚举。

挑战的重要性

切勿忘记，与孩子一起度过地板时光只是一种工具，一个过程，而不是目的。通过和孩子共同度过地板时光，能让你顺利进入孩子的世界，帮助他提高思维水平。再次强调，请记住下面三个必要步骤：

- 顺从；
- 挑战；
- 拓展。

这里，我想强调一下第二个步骤：挑战。我经常听到有人将地板时光描述为“在玩耍的时候，顺着孩子的思路走”，其实不然。虽然这一基本因素是必须的，但并不是对地板时光的界定。一旦孩子达到解决问题的层次，在与你进行互动时，他所需要的就是温和的挑战，从而帮助他达到更高的思维层次。这时，你可以问他几个问题，比如“你应该做什么”，或者表现出很困惑的样子，不知道你的玩具应该做什么，必要时还要装傻，这一切都是为了鼓励孩子动脑筋、想办法。对任何孩子来说，这样做都会鼓励他思考。但是，对于一个不能在各种想法之间找出内在联系的 8 岁孩子来说，这样做至关重要。

试着这样想：对孩子来说，地板时光是一种苏格拉底式的方法，即通过问问题，包括通过手势表达的非语言问题，来引导孩子思考。在实际训练中，我们没有必要类推过头，只要能让孩子独立思考，自己做出决定就足够了。我们的训练目的就是让孩子成为主角，把问题弄明白，为自己的行为负责。

在自发的互动活动中以及在地板时光的谈话中，都是可以利用这种苏格拉底式的方法的重要时刻。只要不是孩子睡觉的时间，家庭中的所有日常互动活动都能激励他的学习——吃晚饭的时候、准备上学的时候、帮忙做家务的时候、遛狗的时候、去购物的时候或是讨论看什么电视节目的时候，等等，这些都是让孩子的思想绽放光彩、蓬勃发展的好机会。坐在车里时更是不可多得的闲谈时机，你可以问孩子一些问题，比如为什么他想干某些事情，他是想请 A 吃饭还是想请 B 吃饭；你可以给他一个选择活动的机会，以便他解释自己的喜好。类似的闲谈不是让孩子受训，也不是法庭上的盘问。在某些方面，这样的交流就像我们在遇到喜欢并愿意交朋友的人时所表现的那样：感兴趣，想介入，问问题。当我们面对那些每天都有新变化的有趣的孩子时，就像面对新朋友，我们想了解他，发展一种友好关系。对孩子来说，这具有双重益处。因为我们也给了他思考的机会，拓宽了他的思路。

总之，这些日常交流都是很好的机会，让你可以认真地倾听孩子，即顺从，通过问问题来更好地了解孩子，即挑战，并在他产生新的想法时支持他，即拓展。

攀爬架上的娱乐时光

前面我们谈到，在和布拉德利玩耍时，妈妈碰巧遇到戏剧已经开始发展，然后自然而然地加入进来。同样，布拉德利和妈妈在操场上玩耍时也不需要费多大心思。

布拉德利的故事

布拉德利待在攀爬架的最顶端，抓住一根栏杆，在上面吊了一会儿，在妈妈的帮助下，他的双脚又落到了扶梯上。不管什么时候，只要他们去操场，这都是布拉德利一定要玩的项目，而且百玩不厌。有一天，妈妈想帮他玩点新鲜的花样。

“布拉德利，你爬架子爬得很快，吊在架子上能坚持很长时间，”当布拉德利把双脚放在扶梯上时，妈妈说，“下次，你想到下一个架子上试试吗？”

“我才不呢，”布拉德利说，“我就喜欢玩这个。”

“好吧，宝贝儿。但是我想让你帮我一个忙。你能帮帮我，让我也在架子上吊一会儿吗？我很长时间没在架子上吊过了，我担心自己一个人可能做不到。你要是帮我一下的话，我可能就会做得很好。”

布拉德利爬下架子，想了想。他愿意帮助妈妈，特别是在那些他能做到的事情上。“好啊，妈妈，”他感到能协助妈妈运动是很了不起的事，“我来帮你。”

布拉德利爬下来了。妈妈小心翼翼地爬向第三层扶梯。“哦，现在我要干什么呢？”妈妈很困惑地问布拉德利。

“一只手抓住横杆，然后，另一只手也抓住横杆。”布拉德利一本正经地向妈妈讲授着。妈妈战战兢兢地伸出双手抓住横杆。“妈妈，要紧紧地抓住，别放手啊，然后，你用脚蹬开梯子就行了。”妈妈突然蹬开腿，吊在架子上说：“真是太棒了。”

“嘿，”妈妈大声喊道，“你指挥得真不错。现在，我想到下一个架子上，可我不知道该怎么办。你说该怎么办呢？你能帮我吗？”

“好吧，我扶着你的腿，推推你。”

“那我的两只手呢？”妈妈一脸困惑地问布拉德利。

“和刚才一样，一只手抓住横杆，然后另一只手也抓住。”

“好吧，好好扶住我啊。”妈妈把双手放在下一个攀爬架上，晃荡起来，并大声喊道：“哇，我成功了！可是，现在我又想下来了，你说是不是扶住我的腿就能帮我下来啊？”

“是的。”布拉德利扶住妈妈的腿。

妈妈的双脚落在扶梯上，她问布拉德利：“你帮了妈妈这么大的忙，你是怎么做到的？”

“哦，我扶着你的腿并轻轻地推你。”

“不错，真管用。干得好极了。这太好玩了。你现在还想回到架子上吗？”

“现在轮到我了。”布拉德利说。他噌噌地爬上架子，麻利地爬到顶层，两只脚一蹬，灵巧地吊在了架子上。

见此情景，妈妈不失时机地问：“如果我紧紧地扶住你的双腿，就像刚才你扶住妈妈的腿那样，你想不想试试爬到下一个架子上呢？我会小心一点儿，就像刚才你帮我那样。你看怎么样？”

布拉德利壮了壮胆，说：“好的，那你帮我一把吧。”妈妈扶住布拉德利的腿。他小心翼翼地爬到了下一个架子上，抓住横杆，荡来荡去，然后又回到第一个架子，双脚稳稳地落在扶梯上。经过这个大突破之后，每次他们去操场，布拉德利都要按照这样的攀爬节奏运动一番，先是在妈妈的帮助下，后来是自己一个人爬。布拉德利爬了一个又一个架子，越爬越高。

在游戏时间里，事情并非一成不变。开始时，妈妈和布拉德利只是在操场上玩耍。布拉德利总是谨小慎微，仅仅重复几个相同的动作。这时候，妈妈就得开动脑筋，想想办法，看如何向孩子发出挑战，但不是越俎代庖，一手包办。只有这样，布拉德利的协调能力和动作排序能力才会不断得到发展。在这种情况下，妈妈就不能再假装自己是个大垃圾场来阻止推土机通行了。这次，她假装自己遇到了一个问题，要求布拉德利来帮助她解决。这样一来，她就能让孩子占据主动，掌管局势，自己则开始演示下一个动作。一旦妈妈演示了动作，就给了布拉德利选择的机会，让他来效仿自己。如果布拉德利自己掌握了主动，妈妈就会充当一个抱有赏识态度的玩伴，看孩子会不会像人猿泰山那样大喊大叫或者抓住横杆荡来荡去。在这些活动中，乐趣会自然而然地产生。

有些孩子可能不会一有机会就冒险，但是如果给予他们一定的支持，允许他们自己做出选择，他们最终会同意冒险。也就是说，上述顺从、挑战、拓展的原则仍然起作用。

04
建立 6 个基本思维能力

萨莉的情况非常典型：学习上存在障碍、与人交往时容易焦虑、课堂听讲会产生困惑。我们可以通过发展思维能力的方法来解决这些问题。最重要的是，我们要弄清楚构成萨莉思维能力基础的因素有哪些，从而帮助她提高思维水平，克服遇到的困难。

我们可以这样想，孩子的思维能力朝着更高层次发展的过程与其身体逐渐发育成熟的过程是相似的。有一天，宝宝会翻身了，这是一个新的成长里程碑。起初，宝宝可能只会用一侧翻身，不久，两侧都可以翻身了。刚开始翻身时可能还有点儿吃力，但很快就会变得很熟练，甚至当手里握着东西时，翻身的姿势也很利落。从第一次笨拙地翻身到现在轻松利落地完成复杂的动作，这又为宝宝能坐起来这个成长里程碑做好了准备。接下来宝宝能四平八稳地趴着，往前爬，抓着东西站起来，然后抬腿走。随着每一个成长阶段的确定和动作复杂程度的增加，到达下一个发展阶段便水到渠成。

宝宝朝着崭新的阶段迈出第一步后，就会以各种可能的方式进行练习。

掌握了更高一级的运动能力后，他们便开始重新审视周围的环境，并将已有的技能用于新的目标能力的锻炼。宝宝不仅能探索、尝试并练习新的技能，而且还会在不同的环境下翻新已有的技能。例如，在某些时候，宝宝会坐在地板上把球推给爸爸。一旦他学会站立，便会站起来，稳定片刻，然后猛地一脚把球踢开。同样，他也想让球滚动起来。对宝宝来说，产生这样的想法是一种全新的经历。随着协调能力和平衡能力的日渐增强，这种经历会促使宝宝的各项能力继续向前发展。

同样，思维能力也是逐步发展的。随着孩子神经系统和感觉系统的发展，他的思维能力也会发展到一个崭新的阶段。在每一个新阶段，虽然周围的世界是相同的，但孩子对世界的感受方式却不尽相同。例如，2 岁的幼童看到鸟儿在天空中飞翔，只是享受眼前的奇妙景象所带来的愉悦感。当孩子 4 岁时，虽然他看到的是相同的鸟儿，但他满怀好奇，想弄清楚鸟儿是如何在天空中飞翔的。这证明孩子的思维能力已经发展到更高的层次了，而每当发展到高一级思维层次时，他都能意识到感官带来的新感觉，并且重新体验这种感觉。正是这种感觉的重新组织使孩子的思维能力得到发展，从而使他的世界更加广阔、丰富且复杂。

要使高一级思维层次得到充分发展，孩子就要进行更多的试验，将新的思维应用于周围一切新旧事物，包括如何看待在校内外所看、所听、所想、所做、所感、所学到的所有事物。只有将新的思维技能应用于熟悉的经历，并将之扩大化，孩子才会加深对事物的理解，才能解决越来越复杂的问题，思维能力才会日益成熟。

在适当的引导下，孩子的学习树的树干会茁壮生长。我们将学习树的树干分为 9 个思维层次。在本章和下一章中，我们将分别阐述这 9 个思维层次的内容。在这 9 个思维层次中，高一级的思维层次都比前一级要复杂。

本章所提到的注意能力、参与能力、合作能力、解决问题的能力、排序能力、有目的地运用各种概念的能力，以及逻辑能力等，都属于思维能力的初级阶段。为了清晰地展现论述思路，我们在描述这些能力时，会首先介绍适龄层次的普遍概念。由于这些概念在年龄更大的孩子身上并非全部适用，而是存在一定的范围，所以在每个层次后，我们都会给出一个小测试，这有助于你判断孩子对这些能力的掌握达到了什么程度。如果你的答案是前面三项，则表明孩子仍然需要练习这一思维层次；如果答案是最后一项，则表明孩子的能力已经达到了更高级的层次。掌握某个思维层次分为三个维度：

- 上升到某个思维层次；
- 位于某个思维层次之上；
- 居于某个稳定的思维层次。

其中最首要的维度就是先达到这个层次。另外两个维度是在该层次的基础上发展到更广泛的范围，这代表该思维层次的稳定性。现在，你可以看看你的孩子处在哪个维度。

在讨论某些具体感官的能力发展水平时，我们需要探索某个思维层次的广度和深度。你的孩子在各个思维层次上综合运用各个感官能力的情况如何，这有时能揭示孩子在某个思维层次或者各个思维层次上技能发展不均衡的问题。例如，在孩子表现得比较强的某个特定的思维层次上，你可能注意到他的视觉 - 空间能力比较强，但是听觉处理能力相对较弱。在这种情况下，孩子经常会在数学方面表现出一定的优势，而在阅读理解和社会科学方面比较薄弱。

第三个维度关系到思维水平的稳定性。也就是说，在强烈的情绪下，你的孩子是否仍然能保持这一思维水平。所谓强烈的情绪，是指焦急、愤怒、激动等比较极端的情绪。在论述思维根基的结论部分，我们将深入研究这一维度。

第一思维层次：注意世界

最早的思维层次在孩子刚出生时就开始发展了。在下面的例子中，我们具体描述了孩子首次达成这些重要里程碑时的状况。你的孩子可能比例子中提到的孩子年龄大一些，不过没关系，因为例子只是用来表明各个思维层次的起点，但每个年龄段都需要这个思维层次所反映的能力。

当新生儿睁开眼睛，第一次打量这个陌生的世界时，最早给他留下印象的就是爸爸或者妈妈。你弯下身子，深情地凝视着他，为这个小生命的降临而惊喜不已。随着时间一天天过去，展现在他面前的事物也日渐清晰，直到他能看清你的面孔。这时候，你温柔的话语、轻柔的抚摸、温和的表情像磁铁一般强有力地吸引着他，他感到了一种轻松愉悦之情。正是这种愉悦之情使他关注你，将注意力投放在你身上。孩子所看到的、听到的、闻到的、触摸到的越多，所遇到的运动模式以及体验到的不同情感就越多，他的注意能力就越强。

无论是一个 9 岁大的孩子聚精会神地倾听老师解释地球如何绕着太阳转，还是一个刚满月的婴儿全神贯注地倾听妈妈或爸爸的声音，注视着他们的嘴巴一张一合，都意味着投入注意力是思维能力发展的第一步。孩子已经与外部世界的另一个人产生了千丝万缕的联系。他正跃跃欲试，准备参与其中。没有这样的联系，他将迷失在自己的内心世界中。

测一测，
你的孩子能达到第一思维层次吗？

1. 在家里或学校里，如果你的孩子想做某件日常之事，如和你下棋，他能以符合其年龄的方式，集中注意力并平静地做好这件事吗？他____

A. 注意力不能集中，不能做好日常事务

B. 很少能够集中注意力，做好日常事务

C. 有时能够集中注意力，做好日常事务

D. 通常能够集中注意力，做好日常事务

2. 在家里或学校里，如果有人想让你的孩子做某件日常之事，他能以符合其年龄的方式，集中注意力并平静地做好这件事吗？他____

A. 注意力不能集中，不能做好日常事务

B. 很少能够集中注意力，做好日常事务

C. 有时能够集中注意力，做好日常事务

D. 通常能够集中注意力，做好日常事务

3. 如果获得一点点支持，你的孩子能够控制住各种冲动、恐惧、焦虑等情绪，冷静下来吗？他____

A. 不能进行自我调整

B. 很少能够进行自我调整，只有在他的情绪不是特别强烈的情况下才能

C. 有时能够进行自我调整，即使情绪特别强烈

D. 通常能够进行自我调整，甚至在压力下也能

第二思维层次：参与世界

当你的孩子两个月大时，他已经做好准备参与你的世界了。所谓参与，就是你们两个人，一个微笑，另一个就用微笑做出回应，或者孩子“啊啊”地发出声音，你也有节奏地以“啊啊”的声音与他进行口头互动。不管是在情感上还是在智力上，这种交流的纽带会将你们彼此更加牢固地联系在一起。这种牢不可破的交流也让孩子开始感受到给予与付出的乐趣。参与各种关系是我们向世界学习的方式，也是我们学习各种情感和社会交往的方式。孩子与你保持的这种关系使他建立起对你的信任感、安全感和亲密感，这也是我们所有人自强不息、努力奋斗的情感原动力。

那么，对年龄更大一点的孩子，比如一个 7 岁的孩子来说，参与周围世界意味着什么呢？如果他构建起与老师的关系，在情感上与老师保持密切联系的话，那么当老师问他问题时，他就愿意把自己的想法与老师的想法联系在一起。例如，老师问：“谁能说说乔治·华盛顿是个怎样的人？”即使这对他来说是个难题，他也会想方设法回答，因为他与老师之间已经建立了一种积极的关系，这种积极的情感会使他竭尽全力回答老师的问题。事实上，孩子对历史人物或者日常生活中的人物做出评价的能力，依赖于他本人能否理解这个人物。正是通过与周围的人所结成的关系，孩子才了解了其他人的感受。对一个 4 个月大的孩子来说同样如此。不信，你看看他们开心的笑容、睁大的双眼。这一切都表明，孩子在见到爸爸妈妈时怀着怎样的喜悦之情。对孩子来说，即使他还不会用语言文字来表达思维，但是见到爸爸妈妈时的眉开眼笑和与爸爸妈妈的亲密关系却是思维能力的重要组成部分。

跟上孩子的思路

乔纳的故事

11个月大的乔纳坐在妈妈的腿上，好奇地端详着妈妈的耳朵，仔细地研究，还不时地用柔软的小手轻轻拨弄，并发出“咯咯”的笑声。妈妈也变换着声调和表情，模仿乔纳的声音，做出回应。妈妈对这个蹒跚学步的小宝宝的好奇心满含着欣赏和赞叹。

妈妈低了低头，让乔纳更容易看到她的耳朵。同时，她也轻轻地抚摸乔纳的一只小耳朵，表示乔纳的耳朵与妈妈的耳朵一样，没有多大差别。乔纳摸摸妈妈的耳朵，又摸摸自己的耳朵。妈妈也摸了摸乔纳的小耳朵，然后侧了侧身子，让乔纳看自己的另一只耳朵。

妈妈跟着乔纳的思路走，同时，不断地与乔纳保持交流。她在陪孩子度过地板时光时表现得很称职，她始终能让孩子参与外面的世界。通过各种各样的游戏，乔纳就能利用许多感官与动作技能。妈妈热情主动地与乔纳交流，也激起了乔纳的好奇心和冒险精神。

可见，即使和一个小婴儿在一起，你也能看出他是否构建起了与你的紧密联系：“宝宝喜欢和我一起玩吗？他正在听我说话吗？他正朝着我这边爬过来吗？他想闻到我的气息吗？我们的想法同步吗？”我们将要讨论的这些感觉，都是学习树的根基。这些感觉会带来大量的信息，正是通过这些信息，孩子才逐渐形成了自己的思想。

你不能因为操之过急而对孩子刺激过多，不管你面对的是哪个年龄段的孩子，刚开始的首要任务就是玩得开心，跟上孩子的思路。一旦掌握孩子的活动节奏，随后的事情就会自然而然地发生。对那些不好动的人来说，可能他本身就运动得不多，因此也就无法刺激一个安静的宝宝去参与他的世界；而那些风风火火的人往往会“行动过速”，无法让宝宝的思想得到充分发展，他们需要放慢节奏。所以，你要清楚自己的运动风格属于哪种类型，孩子的风格属于哪种类型，为了让孩子参与活动需要做哪些事情。

在每个年龄段都积极参与

在孩子还小时，他的思维发展非常迅速，所以用不了多长时间，你的孩子便会迅速发展到下一个思维层次。但是，请别忘记，无论孩子的年龄多大，无论你们在什么时候玩耍或者聊天，你都要确定，在你们进行比较复杂的交流互动活动前，孩子都是专心致志积极参与的。不管你们是坐在闲适的地板上，还是坐在诱人的餐桌旁，你要先弄清楚的是：“我引起孩子的注意了吗？他和我互动了吗？”

下面几个例子是关于年龄较大的孩子的。

假期中的一天，一个 4 岁的小女孩正在独自玩耍，因为她的小伙伴们都在忙自己的事情。这时候，她把自己的小跳马往旁边一推。妈妈捡起了小跳马，开始赞叹：“小跳马真漂亮啊！这么漂亮的跳马能跳起来吗？”在这种情况下，妈妈开启了场景，于是小女孩继续玩跳马，妈妈也因此参与了进来。

假设一位爸爸想和他 8 岁大的儿子一起玩耍，而孩子却想自己玩。那爸爸可以先问问自己：“我从哪些方面能真正吸引孩子？是学校里的朋友、家里的宠物还是某项运动呢？”然后挑选最有可能引起孩子谈话兴趣的话题，这样才能把孩子吸引过来。如果这次不奏效，那就稍等一段时间，再找另一个话题试试，也许还要改变开场白和交流的方法。

如果你以孩子不感兴趣的话题开场，那么你们的互动活动就很难进行下去。要学会挖掘孩子的热情，积极的兴趣是他们的情感所在。情感能联系一切并使事情顺利进行，这对每个思维层次来说都同样适用。在早期的思维层次发展过程中，注意利用情感对孩子产生的影响，就能很容易地找到孩子的兴趣所在。而由兴趣引发的各种情感和关系使我们在各个年龄段都与世界保持联系，也正是通过情感，我们才能继续获得更多的信息，从而建立更高一级的思维层次。

测一测，
你的孩子能达到第二思维层次吗？

1. 当你的孩子心情不好时，他的典型做法是____
   A. 退缩
   B. 指望从别人那里寻求安慰，但是这样的安慰是表面的，也比较少
   C. 指望从别人那里寻求安慰，但是如果无法忍受，有时会停止或者退缩
   D. 指望从关系亲密的人那里寻求安慰

2. 当你的孩子处于任何一种不好的情绪中时，他的典型做法是____
   A. 不知所措，混乱无序
   B. 不加选择，只要周围有人，就立刻去寻求帮助
   C. 指望从最初的看护人那里获得帮助，但是如果不能缓解情绪，就会非常主动地寻求任何亲密的人的帮助，不加选择
   D. 指望从最初的看护人或者非常熟悉的人那里获得帮助

3. 当你与孩子互动时，他经常____
   A. 不参与、很冷淡或者敬而远之
   B. 当想要某个东西时，会积极参与
   C. 有时候热情参与，对活动很关心
   D. 对互动热情且关心

第三思维层次：互动和交流

儿童思维能力的发展非常迅速。在4个月左右，他们的思维能力就会提高至另一个层次，即互动层次。现在，互动层次包括如何与孩子进行互动，而不仅仅是他在活动中的配合。通过注意和参与，孩子看懂了信号，并开始对各种信号做出反应。

互动意味着不管是借助语言文字还是非语言文字，你和孩子的对话都是一个连续而完整的交际环节。你们中的一个用声音或者肢体语言开启某个交际环节，另一个则通过做出直接回应来结束这个环节。这种交际活动通常是双向的，而不是只有你或者你的孩子在说。在自发的互动中，你可以用肢体语言或者口头语言来表明你开始或结束了某个交际环节，也可以两者同时使用，然后你们将多个环节串联起来，使交际活动源源不断地持续下去。

非语言文字的交流

对于一个还不会使用语言文字进行交流的孩子来说，互动活动将会使用大量连续的肢体语言进行。例如，孩子拿着一个球，爸爸伸出手来要，孩子把球放在爸爸手里；爸爸又把球还给孩子，孩子再把球拿回来。上面的活动包括两个交际环节，在每个交际环节中，都是由爸爸开始、由孩子结束。经过几轮相似的互动活动之后，爸爸可以稍微做一些改变，比如把大手一翻，孩子就看不到球了。这样一来，爸爸就改变了交流方式。孩子想知道球去哪儿了，然后，爸爸再把球拿给孩子看，孩子拿回了球。这和 8 个月大的比利伸手去够摇铃的情景十分相似。当时，妈妈把摇铃举得高了一些，比利为了从妈妈手里抓到摇铃，只好把手伸得更远。妈妈就是这样吸引比利，让他来抓摇铃的。

一个接一个的交际环节教会了孩子如何带着明确的目的或者按照一定的逻辑促使事情发生。这样的交际活动是孩子理解因果关系的开始，如同前两个思维层次的里程碑一样，这些互动活动的基础是情感联系。

语言交流

对于更大一点的孩子来说，众多这样的交际环节构成了真正的交流。当 6 岁的莫妮卡在课堂上举手的时候，她就开始了一个交际环节。老师问：“莫妮卡，你想做什么？”莫妮卡回答说：“我想告诉同学们昨天我做了些什么。”这时她就结束了这一交际环节。这是一个简单的交际环节：莫妮卡举手，老师叫她的名字，然后莫妮卡开始回答。但是，正是这样的基本交流才引发了更加完善的对话以及更高层次的思维能力。

一个真正理想的对话是从孩子感兴趣的事情开始的，正如获得他的注意一样。孩子的兴趣可能是恐龙，也可能是他想要得到的生日礼物；可能是一只新的小狗，也可能是在露天游乐场中奔跑的一匹小马驹；可能是为什么你在某件事上不公平，也可能是为什么学校里发生的事情这么让人扫兴……去寻找孩子的兴趣点，从孩子过去的经历以及他投入情感的事情入手，这样你就会看到一个对话将会持续较长时间。当然，对话持续的时间越长越好，一旦你们之间开始进行长对话，不管是在车里还是在公园里，你的孩子都是在学习按照有意义的方式对很多观点进行排序。

萨曼莎的故事

5岁的萨曼莎正在和爸爸说宠物店里的兔宝宝的事情。他们正计划着把它带回家。爸爸问萨曼莎想给兔宝宝起什么名字。“我还没想好呢，”她说，“可能会叫它‘肥耷耷’，也可能叫它‘毛茸茸’。”

“嗯，是挺难选择的。你为什么想叫它‘肥耷耷’呢？”

“因为兔兔的耳朵胖乎乎的，很重，重得都快耷拉下来了。”

“它的两只耳朵确实胖得都耷拉着。那为什么想叫它‘毛茸茸’呢？”爸爸问。

萨曼莎解释说：“因为它全身毛茸茸的啊！”

“对极了，”爸爸说，“那你是怎么决定的呢？”

“我还没决定好呢。”萨曼莎说。

“在你把兔宝宝带回家之前，你能做好决定吗？”爸爸继续问。

“嗯，应该可以。”萨曼莎继续和爸爸对话。

萨曼莎被兔宝宝彻底吸引了，她整天谈论的都是兔宝宝的事情。于是，借此机会，爸爸就能轻而易举地与萨曼莎进行一番颇有意思的长对话。但是对话也不是想进行就能进行的，过于模式化的对话是行不通的。

比利的故事

比利刚放学回家，妈妈便问：“你今天还好吗？”

“好。”

“学习怎么样？”

“还行。”

“今天都干什么了？”

“没干什么。”

然后，比利脱下外套，进了自己的房间。

虽然比利回答了妈妈提出的好几个问题，但这样的对话并不是连续的话语交流，而像是一道密不透风的墙。当然，这些说法都是相对的。如果比利之前从来没有说过什么，现在突然说了这些话，那么这一刻也值得欢欣鼓舞，这是一个进行交流的良好开端。而为了让对话进行下去，妈妈需要弄明白比利最感兴趣的是什么。重要的是持续不断地进行尝试。那些在参与对话方面存在一定困难的孩子需要多加练习，因为在这个方面存在不足可能会导致孩子产生注意问题，从而引起其他方面的学习障碍。

学会制衡

常言道：“牵马近水易，逼马饮水难。”有时候，和年龄大一点儿的孩子在一起，你会发现自己就处于这种状态，无法让对话进行下去，就像上面提到的比利和妈妈对话的例子一样。对此，“制衡”这个小窍门可能会帮到你。

制衡意味着你力求平衡孩子的某些自然倾向或者特定情绪。如果孩子非常被动，对周围世界漠不关心，你就要努力激起他的热情；如果孩子不高兴，你就不能再生气了，而要对他多加抚慰；如果他啼哭不止，你就要设法让他平静。

孩子与家人的互动方式就是孩子与世界的互动方式。如果孩子在家人面前时常感到不堪重负，那他就会在很多不同的场景下感到不堪重负，并最终漠视一切。但是，如果你帮助他改变这一模式，他就会在受到困扰时寻找某种策略，回到平静状态。

妈妈应该做些什么才能让比利参与互动活动呢？显然，根据比利的反应，我们看出他对妈妈的开场白不感兴趣。知子莫若母，她需要好好斟酌一番，全力研究比利的兴趣所在，而不是关注那些她想知道的事情。不管是去看足球赛，还是与爸爸做些特别的事情，或者计划访问某个特别的朋友，她都需要给出某种让比利感兴趣的内容。这样，继续交流就顺理成章了。

测一测，
你的孩子能达到第三思维层次吗？

1. 当你用表情或手势，如露出微笑或者扮鬼脸与孩子互动交流时，他____
   A. 经常没什么反应，或者不会互动
   B. 只有你反复打手势或者露出夸张的面部表情时，他才有反应
   C. 看上去很迷茫，会打断互动
   D. 一旦理解了情感手势或者表情就会做出反应，但是这样的理解仅仅局限于某些特定情感
   E. 能做出反应，并清楚地理解各种情绪表现

2. 当你和孩子互动时，他____
   A. 自己不打手势，没什么表情
   B. 如果对某件事非常激动，就会使用手势和表情
   C. 只在一定的情感范围内使用手势
   D. 如果感到很舒适就会使用各种手势和表情

3. 当你和孩子互动或玩耍时，他____

A. 不能持续进行对话

B. 只能维持很短时间的对话，大概二三十秒

C. 有时候能让对话持续很长时间，打手势加上说话，大约持续 5～10 分钟

D. 大多数时候能够维持很长时间的对话

第四思维层次：共同解决问题

等孩子长到 11 个月的时候，便已经具备了良好的双向交流能力，他的思维能力已经朝第四思维层次稳步发展。我们称第四思维层次为共同解决问题的社交能力。现在，通过打出生动逼真的手势，孩子能够表示自己想要什么。一旦得到自己想要的，他就会感觉到自己对外部世界的影响。这对于一个 1 岁大的孩子来说，具有无比美妙的强大力量。

13 个月大的乔伊可能拉着爸爸的裤腿朝着玩具架的方向，抬起两只圆嘟嘟的小胳膊，指着他喜欢的玩具卡车，带着迫切之情“呃——”地喊着。作为解决问题的参与者，爸爸问道：“你想要那边的东西吗？”作为回应，乔伊嘴里不住地发出一连串的“呃——”，直到爸爸把他抱起来。如果成功地拿到玩具，并且这样的活动经过多次重复之后，乔伊就学会了重要的一课：那些琐碎的、独立的交流片段连在一起就会成为一个完整的交流模式，能够解决很多问题。乔伊逐渐加强了对交流模式的理解，并以一种有组织的方式来利用这种模式，从而得到自己想要的东西。

孩子这种与他人共同解决问题的能力很早就会开始发展，并将持续一生。如同早期经历的互动和交流层次一样，共同解决问题的能力是所有更高级思维层次的基础。事实上，这是科学思维、试验思维、创新思维的开端。那些不善于解决问题的孩子看起来经常表现得没有组织性，容易冲动，目的性不强，或者没有逻辑性，因为他们不能有效地组织行动和语言以得到自己想要的东西。

在下面的例子中，面对女儿的小脾气，父亲既消除了女儿的消极情绪，与她愉快地进行交流，又利用“小把戏”帮她解决了问题。

蕾切尔的故事

晚饭开始的时候，20个月大的蕾切尔坐在高脚椅里，她把土豆泥扔到地板上，大声地抗议道：“不吃！不吃！就不吃！”她还一个劲儿地甩头，拼命挣扎着要离开高脚椅。在这场“权力”斗争中，如果爸爸坚持让蕾切尔吃土豆泥，他很可能会败下阵来。爸爸选择了一种不同寻常的方法。他模仿着蕾切尔喊“不吃”的样子，摇着头，举起手，跳来跳去，自始至终都是一副很困惑的样子。

表演完了，爸爸冷静下来，问蕾切尔：“不吃土豆泥，你想吃什么？”蕾切尔对爸爸轻松愉快的回应做出了反应，指了指胡萝卜。爸爸把盛胡萝卜和盛土豆泥的碗挪得近了点儿。他调皮地用一只手盖住土豆泥，另一只手盖住胡萝卜。他快速地移动两只手，让蕾切尔看一眼手下罩着的碗里都有什么东西，然后要她指一下想吃的那个菜。这时候，蕾切尔精力非常集中，两只大眼睛里含着热切的期待。她注视着爸爸的双手，当他再次挪开手的时候，蕾切尔朝着盛胡萝卜的碗移了移。于是，胡萝卜就成了她嘴里的美餐，她笑着把胡萝卜吃掉了。自然而然地，她也尝了尝土豆泥。诚然，让孩子吃不想吃的东西并非总是这么容易，但是有时并不难。

我们应该对蕾切尔的爸爸大加赞扬。从表面上看，蕾切尔可不是省油的灯，但是爸爸却几乎不费吹灰之力就消除了她的消极态度。蕾切尔的爸爸避开了土豆泥，重新找回了女儿的兴趣。他化解了孩子的烦躁情绪，以便自己能与她开始“对话”。然后爸爸故意设置障碍，通过躲猫猫的游戏，用肢体语言和表情问了蕾切尔一个问题，让她走出已有的心理定式，轻松地挑选自己想要的食物。在这个例子中，蕾切尔的爸爸并没有简单地把胡萝卜递给她，而是向女儿发出了挑战。他温和地引领着孩子根据自己的愿望进行选择。通过给蕾切尔提供选择，爸爸让她自己解决了问题。

这样的小技巧属于另一种类型的苏格拉底式方法，这在对付那些固执己见、漠视他人的孩子时同样能起作用。对漠视他人的孩子来说，他们的标准模式就是与自己进行单向交流。要和一个完全漠视别人的孩子交流，例如，面对一个坐在地板上让赛车时缓时急地跑来跑去的孩子，如果爸爸想和他交流，并且强化这些思维技能的话，就要让自己不那么乏味无趣，才能参与孩子的游戏（但是并不能干涉太多）。他不能像布拉德利的妈妈那样做，因为在某种程度上，孩子并非真正需要他，甚至根本意识不到他在场。

爸爸从一开始就要表现得更有活力。当他评论那些赛车或者儿子在赛车中的技能时，在声音和肢体语言方面要做到表情丰富、饱含热情。如果这招不奏效，那他就要效仿一下布拉德利的妈妈，不过态度要更坚决。他可以挡住一条特定的道路，一只脚在这儿，另一只脚在那儿，使之成为一个新游戏。如果孩子确实非常挑剔，消极应对，或者很敏感，那么爸爸可以在参与的时候，征得孩子的允许：“我们来看看赛车能不能跨过这里，这里或这里，好吗？”这时候，孩子会从一个地方跳到另一个地方。如果孩子拒绝了，至少爸爸开始过一个交际环节，并且是儿子把交际环节结束了。那就是一个有希望的开始。

测一测，
你的孩子能达到第四思维层次吗？

1. 当你的孩子需要你帮他做某些事情的时候，他____
   A. 很少或者从来不使用语言或者肢体语言，因此你根本无法知道他到底想要什么
   B. 有时使用语言或者肢体语言，但是经常会因为感到沮丧而最终放弃
   C. 坚持让你知道他想要什么，但是在你不理解的时候，他会重复相同的或非常相似的手势或者语言指令
   D. 坚持让你知道他想要什么，能修正并改变指令，直到你理解为止。也就是说，你的孩子能用不同的方法坚持向你表明自己想要什么

2. 你的孩子能够按照一系列的步骤去解决问题吗？例如，找到一本书，打开它，翻到具体的某一页，看图或者阅读？他____
   A. 根本不能
   B. 有时能
   C. 一半的时间能
   D. 大多数时候能

第五思维层次：利用有意义的想法

孩子在 2 岁左右，就开始尝试用语言发问。现在 30 个月大的乔伊能说

出自己想要什么了：“哦（我）要玩具。”而不是拽着爸爸，简单地指着玩具架上的玩具。现在，孩子的情感投入到有意义的符号，也就是词汇的使用上了。父母通过对孩子的观点表示出兴趣，从而拓展孩子对词汇的有意义的使用。随着孩子年龄的增长，便可以开始问他一些关于日常情景的问题了。

一旦孩子能使用词汇，他们就开始用想象力做实验。如果一个 3 岁的孩子晚餐时正在讨论他最喜爱的食物，爸爸就可以问他，如果把所有他喜欢吃的东西都放到一块儿，他会做什么样的饭。孩子可能会说“比萨苹果酱”或者“鸡爪布朗尼蛋糕”。但是，不管是什么，爸爸都要对他的创造力大加赞赏。夸奖孩子两句并不难。对所有的孩子来说，正是假装的美妙世界才使他们纵情地沉浸在自己的创造力中，沉浸在对词汇的自由运用中。对年龄更大一点的孩子来说，是想象力一步步引导着他们作词谱曲、讲故事、为游戏制定新的规则、创造出新的舞步，等等。

在培养孩子的创造力和想象力方面，学校与家庭同样重要。创造性思维是一切科学、技术、艺术的基础。我们不想将培养的重点放在机械记忆上，因为机械记忆会削弱孩子的创造力，而孩子的抽象思维能力和解决问题的能力更多地依赖于创造力。这并不是说孩子可以忽略对各种事实的记忆，但是，强调创造性思维对提升一个人的创造力至关重要。

例如，在学习认识了非洲动物之后，一年级的老师就可以要求孩子思考一下：为什么大象吸进尘土吹到自己的背上？为什么长颈鹿的脖子这么长？为什么狮子会吼叫……关于这些问题，可能存在许多原因，所有的孩子都有各自不同的看法，或者他们可能需要继续发挥想象力：如果牛羚像袋鼠那样跳或者大象需要爬树，可能会发生一些什么样的事情。虽然孩子们要先理解为什么要这么做，但是这些问题给了他们一个机会，允许他们跳出常规的框架，从自己的思考中得到乐趣。

同样的原则也适用于年龄大一点的孩子。一个六年级的孩子学习了美国独立战争，他知道战争爆发的原因，谁在不同的战役中取胜，华盛顿将军在战争中的杰出表现，等等。他不仅学会了逻辑性地使用事实，他也需要创造性地利用这些事实。例如，面对如下问题："如果你是特伦顿战役（Battle of Trenton）中的一位英国将军，你会有什么不同表现？""你认为这会改变整个战局吗？"回答这样的问题就需要想象力。同样，将想象力和事实结合在一起，孩子将会记得更牢。如果你的孩子存在学习问题，那么创造力就尤为重要，因为创造力会帮助他发展出自己独特的方法来记忆事实和理解概念。

优秀的学校和有才能的老师已经使用这种方法进行教学了，很多家长也在使用这种方法，但即使这样，对创造力的重视还是不够。因此，要充分地欣赏孩子的创造力，让他的创造性保持旺盛的活力，不管他是骑在摇摆木马上假装追赶你的 2 岁幼儿，还是每晚睡前给弟弟妹妹即兴创作传奇故事的少年。

测一测，
你的孩子能达到第五思维层次吗？

1. 当你的孩子对情景做出反应，你问他感受如何时，他____
   A. 对你的问话颇感困惑
   B. 发现问题很难回答
   C. 不能用文字表达自己的感受，而是用击打物体、抓住物体不放的方式或者激动的情绪表现出来

D. 能描述某些感受，如高兴或者不高兴，但是不能描述其他感受，特别是情感非常强烈的时候

E. 对大部分情感都能清楚地告诉你他的感受，如高兴、疯狂、难过等，即使这些情感非常强烈

2. 当与朋友玩过家家的游戏时，他____

A. 甚至连最基本的想象都做不到

B. 能编出几个基本的故事要素，但是不能详细阐述故事结构、动机或者感受

C. 有时能编出动机与情感一致的故事

D. 几乎总是能编出动机和情感一致的故事

3. 当你询问孩子他对某事的意见时，他____

A. 不能讲述任何思想或观点

B. 很少能讲述自己的思想或观点

C. 有时能带着自己的观点对问题做出回应

D. 总是能带着自己的观点对问题做出回应，有时能提出问题

4. 当你的孩子与同伴玩游戏或从事其他活动时，他____

A. 不能玩得很好并分享同伴的观点

B. 很少能玩得很好并分享同伴的观点

C. 有时能玩得很好并分享同伴的观点

D. 几乎总是能玩得很好并分享同伴的观点

第六思维层次：逻辑思维

苏茜的故事

苏茜："我想到外面去。"
妈妈："为什么要到外面去呢？"
苏茜："因为我想荡秋千。"
妈妈："荡秋千好玩吗？"
苏茜："太好玩了！"

上面的对话虽然听起来非常简单，但实际上相当重要。3岁半的苏茜将出去荡秋千的想法和妈妈的想法联系在一起，形成了一个合乎逻辑的思维过程。她也会从这样的对话中逐渐弄明白人物、事件、地点、时间等概念。一旦掌握其中的诀窍，她就能回答生活中遇到的"为什么"的问题，从而理解事情发展的来龙去脉，以及自己对事物的感受。孩子在特定的成长阶段，只要醒着，"为什么"的问题就会时刻占据他们的小脑袋。每当这些时候，苏茜既要回答别人提出的"为什么"的问题，也要提出自己的"为什么"的问题。

在接下来的每个思维层次上，更复杂的因果思维会得到进一步发展。这样一来，孩子就会逐渐理解一个事件是如何导致另一个事件发生的（比如，"风吹倒了我的纸板屋"。）；想法是如何跨越时间而起作用的（比如，"如果我现在表现得很乖，等会儿我就能去公园了"。）；想法是如何跨越空间而起作用的（比如，"妈妈虽然不在这里，但是她在附近"。）。想法可以解释各种情感（比如，"我很高兴，因为我得到了一个玩具"。），想法也能将世界的知识组织在一起。长大一点儿的乔伊想要玩具架上的玩具鱼，当爸爸问他为什么想要那一个时，乔伊回答："因为它是我最喜欢的。"可见，达到这一思维层次就能轻而易举地回答出"为什么"的问题。

进行符合逻辑的过渡

有时候，当孩子发展到某个新的思维层次时，他们需要获得支持才能实现飞跃。在对话中，听一听孩子是否将自己的想法与你的想法有逻辑地联系起来，这能让你知道是否需要给孩子一些额外的帮助。例如，假设妈妈正在和 6 岁的米奇谈论学校的事情。米奇说："我不想再讨论学校的事情啦，我想和你说说我最喜欢的电脑游戏。"米奇想改变话题，而且还为要改变的话题创设了一个适当的逻辑过渡。

妈妈可能回答说："哦，好吧。你最喜欢的电脑游戏是什么？"或者"过一会儿我们再讨论电脑游戏吧。你先告诉我今天老师都说了些什么。"毫无疑问，米奇和其他任何孩子一样，需要妈妈充当对话的伙伴。但是他很巧妙地将自己的各种想法联系起来，并进行了逻辑过渡。

还有缺乏逻辑过渡的情况。我们以杰茜卡为例来说明。她正在和妈妈谈论学校的事情，却突然话题一转，说到了一个卡通人物。于是，妈妈只好说："哇，杰茜卡！你刚才正在跟我讲老师没让你来读课文的事，可现在你却突然说起了巴斯光年，我都快被你搞糊涂了。"妈妈又把杰茜卡的思路拉回来，帮助她在两个话题之间找出合理的过渡关系。

如果杰茜卡说："我不想讨论我的老师了，我现在想讨论巴斯。"妈妈就可以说："好吧，我真搞不明白。讨论巴斯是可以的，不过，你为什么想讨论巴斯而不说说你的老师呢？"

“因为今天老师冲我大吼。”妈妈通过进一步询问孩子的想法，便可以使她说起话来言之有理，从而帮助孩子将各种观点有逻辑地联系在一起。对此，杰茜卡还需要练习。如果孩子需要这方面的帮助，对妈妈来说，在会话中随时插入任何缺失的环节都是至关重要的。也就是说，要密切关注谈话内容，并随时将孩子拉回正题。逻辑是我们日常生活的基础，其重要性远远超过回答“需要什么”和“愿望是什么”等问题。

当孩子正在讨论某事，却突然丢开这个话题，转向毫无联系的假装游戏时，他实际上是在避开让他感到紧张的某个话题，他正在遁入幻想之境。幻想是美好的，但是如果将它当成逃离困难话题的避难所，就不那么美好了。一旦你的孩子在谈话中途岔开话题，或者说了题外话，你就要装糊涂，进行必要的询问。提问题或者假装困惑可以阻止孩子非逻辑地逃避。孩子越是经常使用这种逃避性的方法，父母就要越勤奋地指导孩子回到逻辑思维上来。

将各种观点有逻辑地联系在一起是理解现实的基础。为了区分什么是真实的，什么是非真实的，并对即将发生的事情做出判断，孩子需要比较自己的内心经历和外部经历，将幻想和现实进行区分。孩子与你正在进行的互动活动能帮助他进行这样的区分，为他提供一个外部现实，以认识什么是“非我”。因此，“现实测试”需要一种组织自我感觉的能力，因为自我感觉与对他人的感觉是截然不同的。逻辑思维能将各种新技能联系起来，包括那些与阅读、算术、写作、辩论和科学推理等有关的技能。没有逻辑思维，孩子就会用事实来支持非理性的观念。

情感和逻辑思维

在每一个新的思维层次上，孩子都需要进入该层次并重新体验各种情感。在逻辑思维层次上，这一点尤为重要。培养情感的出发点是：学会理解并能表达自己的各种情感反应，学会区分自己与他人情感的细微差别，切勿将二者混淆。一旦孩子能以逻辑的观点来看待他周围漩涡般的各种情感，他就能较好地理解自身的处境，为未来的发展打下更为牢固的基础。

拥有某种情感与理解和表达这种情感是不一样的。大多数人，包括成年人和孩子，都拥有各种各样的情感，但是有些人很难将自己的全部情感表达出来。虽然孩子不能利用创造性思维和逻辑思维将各种情感一一表达出来，但并不代表那些情感就不存在。相反，它们会继续以一种更为整体的方式存在，有时候某种情感的存在反而会造成麻烦。

你的孩子能对自己的所有情感做出解释并了然于心吗？他能说出自己为什么非常难过，为什么乐不可支，为什么怒不可遏，为什么如临大敌吗？或者他只是说自己很愤怒，却从来不说自己感到愉快，或者情况正相反吗？或者他只是给你一个总体性回答，比如“我觉得挺好的”或者“我感觉不好”，而不能描述某一具体的情感吗？在假装游戏和日常生活中，他经历过激动、热情、欢乐、恐惧、愤怒、竞争等情感吗？

孩子没有经历过某种情感，可能存在多种多样的原因。但是，有些情感，比如愤怒，可能比别的情感表现得更为明显。

讨论愤怒

愤怒是人之常情。然而，不少人在建设性地表达愤怒方面存在问题。一提起愤怒，有些家长就深感不安，他们经常压抑自己的愤怒情绪，也不想让孩子在平时的玩耍中产生愤怒情绪。如果家长因为愤怒是一种“坏”的情感而试图将其掩盖起来，那么孩子在愤怒的时候就只有两种选择：要么突然爆发并失去控制，要么压抑愤怒情绪。

我们都见识过爆发性的愤怒及其所带来的破坏性后果。相比之下，压抑愤怒情绪会使愤怒很难被察觉。压抑愤怒之情的孩子往往很被动，面对生活，他们通常小心翼翼。这样做容易导致胃痛、皮疹、头痛、抑郁等不良身体症状，或者产生诸如强迫等习惯性行为。面对父母的爆发性愤怒，孩子可能过于惧怕，不敢表达自己的愤怒情绪。

愤怒情绪，人皆有之。不表达愤怒并不代表愤怒情绪已经消除。我们的目的是让愤怒情绪具有建设性，易于控制，而不是到处发火或者将它掩盖起来。为此，我们在与孩子交流时，要允许他们表达愤怒情绪。一个还不会用语言表达情感的蹒跚学步的孩子也能表达愤怒，但不是用稀里哗啦地摔东西、连撕带咬、拳打脚踢等粗暴的方式，而是愁眉苦脸地高声喊叫着“啊”，或者愤怒地挥动手臂。这时，你就可以问：“怎么啦？”同时可以使用肢体语言，他就会用肢体语言做出回应。最后，在下一个思维层次中，这样的交流会逐渐发展，直到孩子能够用语言来表达感受：“我生气啦！”

当孩子开始进行逻辑思考的时候，他喜爱的玩具就成了他表达情感的载体。

博比的故事

博比的鳄鱼咬着爸爸的腿，显得咄咄逼人，爸爸问：“大鳄鱼先生，你为什么咬我？”

博比说：“大鳄鱼先生生气了。”

爸爸进一步发问：“为什么大鳄鱼先生会生气？”

博比说：“因为它想去外面玩。”

有时候，对孩子来说，表达某种情感并不是什么难事，尤其是消极性的情感，通过玩具来表达更容易减少威胁性。

在逻辑思维阶段，一旦年龄大一点的孩子具备了处理各种情绪问题的能力，妈妈便可以直截了当地发问:“今天你怎么这么不高兴啊？”孩子说:“因为你不让我看电视。”妈妈说：“你认为你可以看电视吗？”孩子说：“当然啦，我认为我可以看。”妈妈说：“一天看 6 个小时的电视，这样的想法是从哪里冒出来的啊？”像这样，妈妈和孩子你一言我一语，开始了颇有争议的讨论。这貌似是争论，但是如果妈妈和孩子彼此尊重对方的意见，这一讨论就能囊括所有的思维层次，包括有逻辑地将各种想法联系在一起。等到孩子再大一点，你会发现，他已经能够在讨论中战胜你了。

利用以上这些基本情绪，包括“消极”的情绪，孩子们会学会自由地运用各种思维技能来表达思想。最终，他们将会达到下面我们要描述的最高思维层次。如果孩子总是回避某种特定的情绪，你可以温和地“激起骚动”，以帮助他将这种情绪表达出来。

例如，有些孩子永远不想认输，即使是在玩假装游戏的时候，他们也很看重这些创造性游戏的结果。在他们看来，这些游戏就是活生生的现实。你可以假装竞争来弄清楚孩子对竞争和失败的重视程度，在假装游戏中制造冲突。比如，你让自己的玩具车跑得比孩子的快，或者你的车挡住了孩子的赛车的去路，所以他的车赢不了，等等。或者你可以带着俏皮的口吻说：“我的芭蕾舞演员跳得比你的好！”这些都可以激起有益于孩子健康的自信心和竞争精神。但要记住，切勿操之过急，要循序渐进。因为回避意味着孩子存在某些情感上的不愉快，孩子可能会因为你的举动而感到紧张，所以，一定要温和地激起这种情绪。片刻之后，当你的孩子能心情愉快地参与竞争时，你便可以直接主动地提起这一话题：“你为什么不喜欢输呢？为什么输了你就会感到心情不好啊？”

测一测，你的孩子能达到第六思维层次吗？

1. 当你的孩子情绪好或者不好时，他____
   A. 说不出为什么有这种情绪
   B. 能部分地描述自己的情绪，但是在解释时往往离题，很难理解
   C. 对有些情绪能明确地说出原因，如愉快，但是对其他情绪无法解释，如愤怒或者挫败
   D. 对大部分情绪都能清楚地说明原因
   E. 对大部分情绪都能清楚地说明原因，甚至在压力下或者极端情绪下也能

2. 如果假装游戏中的故事和游戏合情合理，你的孩子是否能经常参与和小伙伴的假装游戏？他____
   A. 完全不能与另一个人玩充满想象力的、合情合理的游戏
   B. 经常不能与另一个人玩充满想象力的、合情合理的游戏
   C. 有时能与另一个人玩充满想象力的、合情合理的游戏
   D. 几乎总是能与另一个人玩充满想象力的、合情合理的游戏

3. 你的孩子能以交朋友为乐，并使友情持续吗？他____
   A. 完全不能与同伴发展友情
   B. 经常不能与同伴发展友情，他们的关系也不密切
   C. 有时乐于与同伴交朋友
   D. 几乎总是乐于与同伴交朋友，并保持亲密的朋友关系

05
发展 3 个高级思维能力

到孩子三四岁的时候，他们的人格开始散发出迷人的光彩。他们开始表现出自己的喜好和厌恶之情，好脾气和坏脾气也逐渐显现，在一言一行中也会表现出和你的亲昵关系。那些他懵懂无知、像动物幼崽一样在地板上爬来爬去、咿呀学语的日子，就这样不知不觉地渐行渐远了！你甚至来不及细想，眼前欢跳着的到底还是不是那个顽皮淘气的孩子。作为家长，你对自己的孩子到底是什么样子的应该有比较全面的了解。现在，即使你不问，孩子也会主动开口对你说话。在即将到来的岁月里，你可能会好奇：我的孩子将与谁同行，去创作一曲充满动感与华丽色彩的宏大的交响乐章呢？

在前面讲述的 6 个思维能力层次的基础上，你的孩子会发展出更敏感、更复杂的逻辑思维，产生更微妙的情感反应，更全面地认识自己。只要听孩子解释一下自己喜欢什么，或者为什么不想做某件事，你就会为他现在考虑得有多么周到而感到骄傲了，哪怕是他与你的意见相左。本章在论述每个思维层次时，我们还是在结尾设置了小测试，帮助你评估孩子对新的思维过程的适应程度，判断你的孩子需要什么样的经历和支持来加强薄弱环节。

第七思维层次：多因素思维

孩子在四五岁时，便已经准备好对一种行为或者情感产生的原因给出多个解释了。在前一个思维层次中提到的比较简单的逻辑思维，即用一个原因来回答“为什么”的问题，是多因素思维的基础。

现在，3 岁半的本杰明刚刚学会回答“为什么”的问题。当妈妈问他：“你为什么要看那个 DVD 啊？”他会回答：“因为我喜欢看啊。”他把自己的想法和妈妈的想法联系在一起了。但是即使进一步发问，他的回答也仅限于此。与本杰明不同的是，他 6 岁的姐姐朱莉可能会给出相同的回答，但是在妈妈的一再追问下，如“为什么特别喜欢这一个呢？”朱莉解释了多个原因：“里面的那个女孩很酷，她揭开了谜团。而且我非常喜欢她的那些朋友。”朱莉在对很多问题和观点展开讨论这方面很有潜力。

在自发的日常对话中，你的孩子会很自然地练习多因素思维，大多数时候不需要你来督促。如果孩子被一个问题卡住了，你可以给他提供可能的答案，让他做出选择。在处理这个问题时，通常的做法是先给出合理的选择，再给出不太合理的或者明显不合理的选择。这样的话，孩子就不会为图省事而简单地重复你告诉他的答案了。当妈妈问 6 岁的女儿为什么选择某个特定的 DVD 时，如果女儿只是以她喜欢为由就结束了对话，妈妈就可以好奇地问：“没有别的原因了吗？”如果她回答：“我不知道。”妈妈就可以说：“因为这个 DVD 演的是阿拉丁和茉莉，或者因为它很恐怖，所以你喜欢看？”

“哦，对，是因为阿拉丁和茉莉，我喜欢他们！”可见，即使妈妈提供了其他选择，她的孩子还是经过思考后给了她一个回答。只要妈妈引起了孩子的注意，她就可以进行新一轮的发问：“你为什么这么喜欢阿拉丁和茉莉呢？”

“我不知道。”

“他们是做了许多有趣的事情呢，还是只是呆坐着不动？”

“他们确实做了很多很酷的事情。”在妈妈的启发下，孩子再一次思考那些对她来说能够理解的原因。

这不是测试，而是一个机会，让父母对孩子的兴趣表现出单纯的好奇和热情。父母通过这种做法，也就是通过提出多种观点、列举多种原因，可以鼓励孩子开动脑筋思考，这可能是孩子能做到，但不一定能够完全独立去做的事情。跟上孩子的成长和思路，这是一个不容错失的机会。

多因素思维和情绪

错综复杂的社会关系为我们提供了很多机会，使我们能够询问关于情感的各种问题。这非常简单，简单得就像你好奇为什么女儿想和一个朋友玩而不愿意和另一个玩一样。

妮科尔的故事

妈妈：“你今天想带谁来家里玩啊？”

妮科尔：“就叫珍妮弗吧。”

妈妈：“为什么叫珍妮弗呢？”

妮科尔：“珍妮弗很风趣。我们喜欢玩同样的游戏。”

妈妈：“那很好，你们玩什么游戏呢？”

妮科尔：“我们两个都喜欢玩同样的电子游戏。”

妮科尔的回答很随意。妈妈继续询问妮科尔，让她想出更多的理由："那你还喜欢珍妮弗什么呢？"

妮科尔："她很好。我们喜欢一块儿聊天，她还告诉我她的很多小秘密。"

妈妈："是啊，你们两个经常咯咯地笑，她说的一定是很好玩的秘密吧。你们感到非常有趣吗？"

妮科尔："是啊，我确实很喜欢她来家里玩。"

如果你表现得很感兴趣，孩子的理由便会逐渐从两三个增加到五六个，为更深层次情感的产生创造空间。

孩子们也给家长提供了进入他们情感王国的机会。面对那些看上去有点忧郁的孩子，妈妈不妨问："亲爱的，你今天看上去为什么闷闷不乐啊？"通过妈妈的询问，孩子回答："打垒球的时候，他们不选我，还取笑我的发型。"如果面对的是一个暴躁易怒的孩子，妈妈可以问："亲爱的，你看上去好像要对谁发脾气的样子，这是为什么呢？"也许你的孩子会说："我有很多家庭作业要做，我讨厌写作业。"你可以追问："今天还有其他事情发生吗？"孩子回答："苏茜说我的鞋子看上去很可笑。"当然，你也可以针对一些积极的情绪发问："你今天心情不错，有什么特别的事情发生吗？"孩子可能会说："学校举办了一个生日聚会，我们今天吃纸杯蛋糕了。"你可以继续追问："太酷了！还有没有别的事情啊？"……只要你善于发问，孩子要说的事情不胜枚举。

如果孩子缺乏安全感，或者对某些情感感觉不舒服，就会影响孩子在这一层次的思维能力，导致孩子用要么全有、要么全无的方式来思考问题。例如，假设孩子在活动中受挫，他的反应可能是："我太笨了。"或者当自己与别人的意见不一致时，他心里可能会想："我讨厌那个人。"那么他就不能彻底地想清楚发生这件事情的原因，更无法分析整个局势。这个片面的答复也无法改善当前的状况。如果是学习问题引起的不安全感，而孩子的反应只是“我很笨”，那他就很难拟订计划来克服这个问题。因为这样的反应会阻碍任何对话，不管是内部对话还是与其他人的交流对话。

谈论各种不同的情感，能让孩子将他的多因素思维应用于自己的情感生活，进而将这种思维能力应用于生活的各个方面。

多因素思维和现实

一旦孩子在理解情绪问题方面扫清了障碍，他在面对他人的时候，就会感觉更从容。比起单纯的逻辑思维，多因素思维提供了更有力的现实验证（reality testing）。如果孩子理解了自己情绪的多样性，他就能开始理解别人的情绪，从而能合理地对待自己的情绪。他们可能会经历高兴、难过、愤怒或者抵触，但对情绪的认知会随着年龄的增长而逐步完善。

珍妮的故事

爸爸问 12 岁的珍妮：“你认为玛丽今天为什么不和你玩呢？”

珍妮告诉爸爸：“玛丽很喜欢踢英式足球，所以她去和贝姬玩了，因为贝姬正在挑选足球队的人选。但我不喜欢英式足球。”

“她这么做伤害了你的感情吗？”

“是的，可她只是偶尔这样，我想她明天就又会和我一起玩了。”

虽然这样的讨论非常复杂，但是有助于孩子思考和理解她所生活的世界：在这个世界上，不同的人有不同的动机、情感和社会行为。

在运用社交技巧和进行情感处理方面，弄明白各种情感并具备相应的情感反应能力是很关键的，而且对孩子的学业也有益处。理解他人的内心生活与情感世界，还能帮助孩子理解小说中的人物动机以及历史或者新闻中的人物形象。

测一测，
你的孩子能达到第七思维层次吗？

1. 你的孩子能就某一喜欢的事物，如电子游戏，或者某一不喜欢的事物，如菠菜，列举出三到五个原因吗？他____
   A. 不能列举出自己喜好的原因
   B. 如果他尝试一下的话，能给出一个原因
   C. 有时能列举出多个原因，特别是当他对某个对象有强烈的情感时
   D. 能轻松地列举出多个原因

2. 某人的特定行为可能存在多个原因或者多种情感，你的孩子能够理解这一点吗？例如，他的一位朋友可能对学校生活感到忧心不安，并因此对他发了脾气。你的孩子能想到其他的可能性，而不是认为这位朋友不喜欢他吗？（我们不要求6岁之前的孩子有这样的理解能力。）他____
   A. 经常以一种极端的方式思考问题，例如，他会说这样的话：“他讨厌我。”
   B. 经过指导，有时候，例如，当有人帮助他思考他人的行为可能存在的多个原因时，能够考虑到他人采取行动的多个原因
   C. 有时能够独立地考虑到造成他人行为的多个原因
   D. 几乎总是能想到造成他人行为的多个原因

3. 自己感到不高兴时，或者对自己做过的事情感到非常高兴时，你的孩子反应如何？他____

A. 往往以一种要么全有、要么全无的方式思考问题，他会认为自己是最愚蠢、最差、最不受欢迎的等，在情感上把自己击败了

B. 对自己产生厌恶感，但是经过一番努力后，别人能说服他

C. 对自己产生厌恶感，经过一番努力后，能跟别人讨论这些厌恶感，再看待这一坏情绪时就不会那么不舒服了

D. 开始感觉不好，但是能以一种非常平和的方式讨论此事

第八思维层次：比较思维和灰色地带思维

我们要讨论的下一个思维层次是比较思维和灰色地带思维，这两种思维能力密切相关，并且连续出现，因此我们将它们放在一起加以讨论。从根本上来说，比较思维就是要求使用“更”或者“较”等词来描述事物。例如，玛丽比苏茜更好，更聪明，更漂亮，个子更高，等等。比较思维包括对所有不同的事物进行比较。灰色地带思维的意思就是孩子能够理解不同程度的不同情感、事件以及现象或者它们的相对影响。例如，玛丽几乎和苏茜一样聪明，但是莉莉是所有人中最聪明的。

孩子在 6 ～ 10 岁会发展出比较思维和灰色地带思维。其年龄范围之所以出现这么大的跨度，是因为随着年龄的增长，这两种思维能力会变得更加错综复杂。其典型特征是，孩子到七八岁时，就开始比较不同的人和事物。但是，能否成为最先具有比较思维的孩子并不重要，重要的是孩子朝着这个方向发展。许多成年人即使在专业方面能力很强，也未必具有良好的比较思

维能力和灰色地带思维能力。他们也会用要么全有、要么全无的思维方式思考问题，生活在一个非此即彼、非黑即白的世界里。

比较思维

如果妈妈问8岁的迈克尔："你今天想邀请谁来家里玩啊？"迈克尔可能回答："我想邀请马克来。"妈妈继续问："为什么邀请马克而不邀请保罗呢？"为了回答这个问题，迈克尔就要动用比较思维。他可能说："因为马克的篮球打得更好。"或者："马克喜欢踢球，但是保罗不喜欢。"这些回答表明迈克尔能够比较两个人所具备的不同能力。

另外，迈克尔可能只是回答："因为和马克玩有趣啊。"在这种情况下，他并没有真正地把马克和保罗进行比较，他只是在谈论马克。妈妈可以稍稍加以引导。她可以说："我知道和马克玩很有趣，但是，为什么和马克玩比和保罗玩更有趣呢？"迈克尔可能会说："因为马克喜欢打篮球和踢足球。"妈妈继续引导："嗯，太对了，亲爱的，我知道你喜欢马克，但是我不知道为什么你更喜欢和马克玩，而不喜欢和保罗玩呢？"迈克尔答道："保罗不喜欢这些游戏。"现在，迈克尔快要说到点子上了。再来一轮对话他就会触及问题的核心了。"让我们想想你为什么更想和马克玩，不想和保罗玩呢？"妈妈又问。迈克尔说："因为马克喜欢玩我玩的游戏，保罗不喜欢。"他成功了！或者他可能只是说："和马克一起更好玩。"或者"他更好""他更棒"。

当你第一次提出比较问题时，孩子给出的"和他一起玩很有趣"之类的回答非常具有典型性。对于我们在后面的例子中提到的像迈克尔这样年龄更大一点的孩子来说，因为他在比较思维能力方面存在困难，所以父母要针对这个问题持续发问，直到孩子能够真正地进行比较为止。但是请记住，千万别唠叨个没完，不妨糊涂一点，给予孩子足够的支持就行了。

灰色地带思维

虽然在通常情况下，孩子长到 6 ～ 8 岁时我们才能发现他们会运用比较思维能力，但是，有时候，我们甚至会发现四五岁的孩子就会运用比较思维。不管是什么年龄，只要你的孩子能够做比较，那他就已经做好准备去理解灰色地带思维了。如果妈妈问："和克里斯蒂玩比和托利玩要有趣多少呢？" 5 岁的吉尔以一种非常典型的孩子的方式回答道："要有趣很多很多啊！" 这种回答方式表明，吉尔正在运用比较思维。现在，我们可以把一个更为直接的、有点比较意味的表达分成更小的部分，使之形成灰色地带。妈妈用自己的双手比画着来问"很多很多"到底是多少，她用双手之间的距离比画出几厘米来问："有这么多吗？" 或者妈妈将两臂之间的距离拉长，分到两边，用双手比画一个中间位置问："或者是在这中间？" 以这种比画加上发问的方式，程度问题就通过肢体语言和口语自然而然地表达出来了。经过这样几次比画之后，吉尔也会把双手伸展开，来表示某个朋友比其他朋友好多少或者有趣多少。这种对程度问题的理解方式同样可以用来表达孩子的情感，比如，比起前几天，他今天有多生气、多高兴或者情绪有多不好。如此一来，孩子便逐渐发展出了相对数量的概念。

对孩子的情感发展和智力发展来说，灰色地带思维的发展非常重要，因为这能够帮助他从极端化的思维，即将世界看作非黑即白的，向精细化的思维过渡。只有具有精细化思维的人才能意识到人与人之间的细微差别和复杂之处。

在某些生活领域，我们必须坚持非此即彼、非黑即白的规则，如不伤害他人，但是这样的领域少之又少。智力生活和情感生活都存在灰色地带。在孩子三四岁时，我们不仅期望他用非黑即白的思维方式思考，而且期望他表现出与之相关的消极情绪和倔强性情，因为孩子在思考问题时只有两种选择：用自己的方式或者更高级的方式。理解事物在程度上的差异有助于孩子早期的思维层次更快地发展，锻炼他的辩论、协商和妥协等各项能力。

扩大灰色地带思维能力

比较思维能力和灰色地带思维能力这两种能力是如何逐渐增强并进入不同的生活领域的呢？心理学家让·皮亚杰对学龄儿童的相对性思维能力（relativistic thinking，即比较思维能力）进行了研究。他的研究主要是从视觉-空间世界的角度着手的。在理解数量的相对程度方面，例如，一个小线团与一大段长线相比较；一只又高又细的水杯与一只又矮又粗的水杯相比较。下面是我自己在临床实践中观察到的一个例子，这个例子印证了皮亚杰的观点。

杰里米的故事

一天，我正在和一个叫杰里米的小患者玩耍。我们各自用不同的防御性武器和进攻性武器建立了自己的堡垒。我对杰里米说："我认为你的激光屏障比我的要好。你认为呢？"杰里米听到这话，非常高兴自己的激光屏障比我的好，马上同意了我的看法。于是我问他："为什么你认为你的屏障比我的好呢？"杰里米说他的屏障更强大。因为我想让他做出更多的比较，所以又问道："是挺强大的，但是你的堡垒看上去和我的不一样。不一样就代表你的更好吗？"

杰里米说："我的堡垒比你的大，我的激光屏障占的地方也大。你的激光束只能射穿这里的这一小块地方。"我先承认他言之有理，然后就装傻，问他："我怎样才能给我的堡垒建一个更好的激光屏障呢？"我们一起在堡垒前加了一个小球，以便激光不会把门打倒。当我问他这样是不是比以前好一点，现在我的屏障是不是和他的一样好了的时候，他给我排了排名次，我原来的堡垒的屏障不好，我的新堡垒的屏障还可以，但是还是没有他的好。

杰里米比较了两个防御体系，并对其差别程度做出了判断，这个特别需要视觉－空间能力。我们的游戏是双向的，杰里米的推理能力已经发展到一个更高的层次上：他将比较思维和灰色地带思维应用于视觉－空间领域。除此之外，他还在游戏中赢得了胜利。这通常是一个理想的结束方式。

当我们讨论学习树的根基时，你可以对任何有趣的活动进行不同的调整，来强化孩子的比较思维能力和灰色地带思维能力。比如，你和孩子可以尝试不同的徒步旅行路线，以判定其中一条是否比另一条难走。或者你可以尝试建立自己的越野障碍训练场，然后做出比较。这样的练习首先有益于孩子的学业，同时也为他们未来的工作和生活打好了基础，因为灰色地带思维存在于生活的方方面面。

灰色地带思维和情绪

皮亚杰对相对性思维所持的真知灼见及其视觉－空间世界的观点对我们理解孩子的发展来说极其重要。虽然这种思维能力深入生活的各个方面，但是皮亚杰却较少关注儿童的情绪世界。我们的研究表明，在孩子的一切认知能力背后，关键因素就是情感的发展。孩子首先要掌握如何以更复杂的方式来利用情绪，才能学会更高级的思维方式。下面我们再回头看看迈克尔的例子。迈克尔想邀请马克而不是保罗到家里来玩，这一做法似乎应该有更多的原因，而不仅仅是运动兴趣上的差异。

迈克尔的故事

后来，迈克尔对妈妈解释说："只要我邀请马克，他就会和我玩，但是保罗不是这样。他只是在他的其他朋友都很忙的时候才会和我玩。所以我认为他实际上不是真的喜欢和我玩。"这里，迈克尔提出了一个非常有说服力的差别。

通过这个比较，妈妈能帮助迈克尔弄清楚他的情感，于是妈妈便问道："对这个事情，你有什么看法？"

"生气，但是也有点难过。不过，有其他的朋友和我玩的时候，我就没有那么难过了。"迈克尔摆出一副老成持重的姿态。

迈克尔感受情感程度的能力向前迈进了一步。

"你有多生气呢？"妈妈继续追问。

"一点点。"迈克尔伸出两只小手，比画了一个10厘米的距离。"我有点想找他算账。总有那么一天，等到他想和我玩的时候，我想说不和他玩，让他也郁闷郁闷。"

迈克尔对自己的情绪表达得非常到位，也很实际。他能分清楚自己难过和生气的程度。他很熟悉灰色地带思维能力的运用。

如果孩子（或者成年人）觉得某种情感很别扭，他们就会忽视灰色地带思维，意识不到某种特定情绪具有程度上的差别，就会产生非黑即白、非此即彼的问题。这很可能与愤怒、难过或者挫败等消极情绪一起出现，但是有些孩子可能在感受积极情绪的程度方面也需要更多的支持。如果他们带着某种情绪因素，而不是在情绪平稳时意识到了灰色地带思维，那这一能力层次就无法保持稳定。

测一测，你的孩子能达到第八思维层次吗？

1. 你的孩子能就物体、玩具或书籍做出简单的比较吗？例如，“比起蜘蛛侠，我更喜欢哈利·波特。”（记住，别强求8岁以前的孩子进行这样的比较。）他____
   A. 不能做出简单的比较
   B. 如果对某一对象感兴趣，能做出比较
   C. 有时能做出比较
   D. 总是能做出比较

2. 你的孩子能区别同一情景中不同程度的情感吗（灰色地带思维能力）？例如，如果参加一个新的活动，如足球赛或钢琴演奏会，他能表达出做一件新事情的激动心情和因为担心表现得不好而紧张害怕的心情吗？他____
   A. 还不能区别同一情景中不同程度的情感
   B. 在指导之下，如有人帮助他思考不同程度的情感时，有时能够理解和表达不同程度的情感
   C. 有时候能够独立地表达某一情景中不同程度的情感
   D. 大多数时候能够表达某一情景中不同程度的情感

3. 你的孩子能够通过描述情感的不同程度来比较不同的朋友吗？例如，“比起朱莉，我更喜欢珍妮，但是我的邻居安妮是我最喜欢的朋友。”他____
   A. 还不能利用灰色地带思维来比较与同伴的关系
   B. 只是偶尔能够利用灰色地带思维来比较与同伴的关系
   C. 经常利用灰色地带思维进行比较
   D. 几乎总是利用灰色地带思维进行比较

第九思维层次：反思性思维

最高的思维层次，即反思性思维，也可以理解为一个人给自己设定了一个内部标准，它通常在孩子 9 ～ 13 岁时开始发展。反思性思维是关于“思维的思维”，是你能够对自己本身进行思考，能够对自己的行为做出判断的能力。从青春期直到成年，随着生活复杂程度的增加，新的生活经历不断增多，反思性思维能力会逐渐增强。但是很多成年人并没有完全掌握这一思维能力，这对他们的学术水平、职业生涯以及社交等各方面都会造成很多困扰。反思性思维能力和自我判断的能力是重要的批判能力，正是通过自我分析和自我批评，我们才学会了总结经验，吸取教训。

为了达到反思性思维层次，人们需要一个贯穿一生的内部标准，然后才会根据这个标准来评估各种新的经历或新的感受。为了建立这样的标准，必须有一个“自我”，即一个拥有某种观点或能做出某种判断的“自我”。如果一个孩子说：“我把家庭作业留到最后才做，时间很匆忙，所以做错也就毫不奇怪了。”或者：“那不像是我会做的事。”那么他就是在利用自我反思的方式思考问题。青少年或者成年人的经验越多，他们进行反思、做出比较和判断的背景依据就越宽泛。大多数 12 岁的孩子进行自我反思的背景依据相对有限，只能发展出一些反思性思维，但这是一个非常重要的开端。

自我评价

孩子的反思性思维是伴随着自我意识的发展而发展的。父母可以随时询问孩子，让他发表一下对各种事情的看法和意见，即便这些意见尚处于初步形成阶段也无妨。比如问：“为什么你认为你的朋友乔嫉妒约翰呢？”“比起《麦田里的守望者》（*The Catcher in the Rye*），为什么你更喜欢《局外人》（*The Outsiders*）呢？”“你的总统选票会投给谁啊？”你尊重孩子的意见，对他的看法产生兴趣，这会让孩子感到自己很有价值。他不仅会提出很多看法，而且其中的某些观点还是经过深思熟虑的。

当你征求孩子的意见时，你要向他发起挑战，让他为自己的观点进行辩护。如果爸爸问："对此，你的论据是什么呢？"那么孩子就得开动脑筋，通过学习、读书或者查询相关的事件来补充事实。爸爸要挑战孩子，让他进行调查，举例论证，而不是用一个简单的意见就轻易地对付过去。例如，他也许可以解释为什么 J. K. 罗琳（J. K. Rowling）是一个很优秀的作家，但是他读过 J. R. R. 托尔金（J. R. R. Tolkien）或者 C. S. 路易斯（C. S. Lewis）的作品吗？

有些孩子不善于记忆事实，但这并不妨碍他们形成正确观点的能力。成为一个具有强大反思性思维能力的人，有助于他们认识到自己的意见何时需要验证和支持。当他们需要收集事实或者核查事实时，可以借助参考书和互联网，这对他们来说易如反掌。对那些在语法和拼写方面比较薄弱的孩子来说，这也同样适用。如果他们具有一定的反思性思维能力，就会懂得什么时候需要寻求帮助。对于那些拥有良好的创意但写作能力较弱的孩子来说，他们也可以学习很多技巧来组织思想，拟订文章的提纲。缺乏反思性思维能力，他们就无从知道该在什么时候进行这一阶段的工作了。

孩子的学术经历和学习经历越丰富，就越能将反思性思维能力应用于相关的认知领域。对孩子来说，他们的社交圈子越广泛，就越容易去反思应该选择和哪些朋友交往。挑战你的孩子，让他尝试阅读不同的书籍，培养各种爱好，广交朋友，从事各种运动，弹奏各种乐器，并就不同的问题发表见解，这样你就能鼓励孩子真正地运用反思性思维。

抽象思维

抽象思维意味着将个人的见解和想法纳入一个抽象的背景中。真正的抽象思维就是能够自问自答："让我想想，如果有人对我说那件事情，我会怎么样？我该怎么做呢？我会很生气。但是他就不同了，因为他不像我那么敏感。所以他能够泰然处之，不把它放在心上。"这样我们就能根据对自己的透彻分析或对他人的深入了解提出一个抽象的观点。这样的剖析自我和分析他人能帮助孩子在个人观点和抽象观点之间不断转化，进行换位思考，真正地发展反思性思维能力。

获得某种经验、假定每个人都会像你一样对此做出相同的反应等并不是抽象思维。因为这样做的话，就是将一切个性化了。反思意味着对自己的身份做到心中有数，能以一种有逻辑的、现实的方式将他人的经历与自己的经历进行比较。

测一测，
你的孩子能达到第九思维层次吗？

1. 你的孩子对自己足够了解吗？对于既定情景，他能判断自己的感觉如何或者做出某种反应吗？例如，你的孩子能够通过做出如下判断来评价自己的感受或者行为吗？"我感到很生气，虽然我知道不应该这么生气。"（不要强求 11 岁之前的孩子会有这样的表现。）他____

   A. 不能判断自己的感受或对既定情景做出反应

   B. 在指导下，有时能判断自己的感受

   C. 有时能判断自己的感受并做出反应

   D. 大部分时候能判断自己的感受并做出反应

2. 你的孩子能完全参与同伴的友情，同时对自己和他人持有自己的观点吗？他____
   A. 不能完全参与同伴的友情，持有自己的观点
   B. 很少能够参与同伴的友情，持有自己的观点
   C. 有时能够参与同伴的友情，持有自己的观点
   D. 几乎总是参与同伴的友情，持有自己的观点

3. 你的孩子形成内心的价值观念并开始使用自己的价值观念了吗？他____
   A. 不能形成并使用自己内心的价值观念
   B. 很少形成并使用自己内心的价值观念
   C. 有时形成并使用自己内心的价值观念
   D. 几乎总是形成并使用自己内心的价值观念

学习树的树干

正如我们在第 3 章、第 4 章中所讲到的，从发展的角度来看，智力是我们思想情感的一种循序渐进的转化，其结果就是使我们的思维能力更加成熟。每一次转化都将建立更高一级的思维能力，使智力活动转化成一种世界观，每一种感觉和情绪都会稳固地获得迅速发展，并与其他的感觉和情绪融合在一起。这些思维层次为我们提供了一个框架，使我们能较好地分析和理解孩子发展过程的各个侧面。掌握了这些信息，临床医学家和家长们就可以尝试帮助孩子解决学习上存在的困难。

在与专业人士共同开展的研究中，我们将运用各级思维能力来解

决学习困难的这一框架称为“基于发展、个体差异和人际关系的模式”（Developmental, Individual-Difference, Relationship-Based Model，简称 DIR 模式）。这里，“发展”指的是前面阐述的各级思维层次的发展；“个体差异”是指孩子在处理问题时表现出的独特性；“人际关系”则侧重于孩子处理各种关系的能力，以及他们如何支持并促进关系发展的能力。如今，从事儿童研究的专家、学者有很多人在广泛使用 DIR 模式。

总的来说，构成学习树的树干的思维层次包括 9 个方面。

- 注意世界（在出生几天时就开始发展）：对于景象、声音、触摸、运动，以及其他感官经历所表现出来的兴趣和有目的的反应。
- 参与世界（在 2 ～ 5 个月发展）：对亲密关系的表达日益增多。
- 互动和交流（在 4 ～ 10 个月发展）：通过情感的表达、声音、肢体语言等一系列的互动，来传达各种不同的意图。
- 共同解决问题（在 10 ～ 18 个月发展）：用于解决问题的一系列社会互动和情感互动。
- 利用有意义的想法（在 18 个月到 3 岁发展）：使用有意义的词汇或者短语的能力，以及与看护人或者同伴进行假装游戏的能力。
- 逻辑思维（在 3 ～ 4 岁半发展）：理解各种有意义的观点之间的逻辑联系的能力。
- 多因素思维（在 4 ～ 6 岁发展）：对某种感受或者观点给出多个原因的能力。
- 比较思维和灰色地带思维（在 6 ～ 10 岁发展）：描述情感感受、各种关系和物体的差异程度的能力。
- 反思性思维（在 9 岁后发展，延续一生）：对情感感受、自我以及世界进行评价和反思的能力。

调动各级思维能力：
友谊学校的“角色互换”活动

本项目由教育学博士理查德·洛迪希与芭芭拉·佐拉蒂（Barbara Szoradi）规划。

位于华盛顿哥伦比亚特区的友谊学校开展了一项“角色互换”活动。该活动主要是由学校三年级的孩子扶助低年级的孩子。低年级的孩子是学前班和幼儿园里新来的学生。很多学校都有这样的活动，这对孩子们来说非常有意义。通过这项活动，小孩子能有个大孩子当伙伴，并能利用这个机会认识其他的大孩子，还有机会参加他们的某些活动。年龄小一点的孩子可能会认为自己的幼儿园像天堂一样美好。

计划并组织这项活动的是友谊学校三年级的老师芭芭拉·佐拉蒂，她给活动增加了一个补充项目。在认识小伙伴之前，三年级的老师和同学们都要经历练习环节。在练习中，他们进行角色扮演，并讨论他们认为可能会发生的事情、出现的问题以及在特定情景下应当如何处理。老师通过向学生们做出解释，为他们定了一个标准：“对于你的伙伴，你既要做大哥哥大姐姐，也要做临时保姆。你的目标就是确保他们玩得高兴，并且以身作则，成为他们的好榜样。”三年级的大孩子知道，至少在一段时间内，他们是不能随随便便地跑去打篮球或者参加足球对抗赛的。他们要弄清楚自己的伙伴想干什么，比如，如何引起小孩子的注意，让他们爱上学校生活。

对于一个八九岁的孩子来说，这是一项令人望而生畏的艰巨任务。如果小一点的孩子不想说话、心生惧怕、试图逃离他们的照管或者突然进行某些危险的活动，那该怎么办呢？三年级的学生知道这个过程中存在的种种可能性，因为不久之前，他们自己也是小孩子。现在，在练习中，他们与老师和其他同学接触，建立属于自己的练习节奏；他们互相学习解决问题的方法，向老师学习如何使用词汇、表达感情和使用肢体语言；他们逐渐弄明白了幼儿园的小朋友为什么会按照某种特定的方式行事。

老师给三年级的学生提出的一个难题是，理解小伙伴们的各种情绪，读懂他们在社交方面和情绪方面的种种暗示。这些暗示不仅包括语言上的，还包括肢体语言上的。要弄明白小伙伴们是否高兴或伤心，是感觉友好、受欢迎还是感觉心里不舒服、浑身不自在，或者心里有某种感受但是没有表达出来。他们不仅要鼓励幼儿园的小朋友参与自己的活动，而且还要参与幼儿园小朋友的活动。在讨论中，老师明确要求三年级的学生读懂这些微妙的暗示。大孩子们要自觉地去察言观色，并将之形成文字。同伴之间展开的小组讨论让他们学会了很多东西，因为他们要进行大量的互动对话和自我反思。对三年级的学生来说，完全用反思性思维进行思考很难，但是即便如此，肩负的新责任仍然给了孩子们进行自我反思的巨大动力。

如果遇到阴雨绵绵的天气，三年级的学生就会给他们的小伙伴讲图画书。在讲图画书上的故事时，即使那些有阅读障碍的大孩子也会很有成就感。一位老师谈起下雨天进行的读书活动的感受时，颇有感触地说："看到满屋子的4岁孩子依偎在三年级的学生身边或者坐在他们的腿上，那是一种让人难以忘怀的特别景象。"

整整一年，三年级的学生都要将自己与小伙伴打交道的各种经历写成笔记。他们的字里行间透露出真挚的情感与隐约的不安，并做出种种假设，设想着重新体验自己经历过的事情。围绕着与小伙伴的各种交往活动，他们谈到了自己的情绪，有时甚至会描述他们是如何看待自己情绪的因果发展关系的。正如一位老师所说的那样："当学生们在笔记中描写他们的小伙伴时，也将他们自己带到了一个不同的思维层次。"

不仅如此，这种经历给孩子们提供了练习、丰富并掌握所有思维能力的机会。这就是学习的力量，通过将思维与情感经历联系在一起进行学习的力量。

第 三 部 分

树根：

动员和协调全部感觉系统

THE LEARNING TREE

我们身体的感觉系统每天都在接收各种纷乱复杂的外部信息，就像不断从土壤中汲取营养的树根，但是不同的孩子对同一信息的理解可能完全不同。他们表现出的似乎都是注意力不集中，但有的孩子问题出在不能对听到的声音进行正确解读，有的孩子问题出在不能对即将开展的活动进行合理规划。

06
注意力不集中的根本原因

存在学习困难的孩子经常被贴上这样的标签：注意缺陷多动障碍（ADHD）、言语型学习障碍（verbal learning disabilities）、阅读障碍等。这些标签的真正含义是什么呢？你对这些标签又真正了解多少呢？

就拿阅读障碍来说。有些专家引入了早期语言发展迟缓（early delayed speech）等类似的概念；还有些专家将重点放在诵读和拼写障碍上。总而言之，这一标签表明你的孩子在阅读方面存在一定的障碍。至于原因，则根本没有提及。这就好像孩子的腺体发炎了，你带他去看儿科医生，医生给出的诊断结果是淋巴结病。但是，在你知道腺体为什么会发炎之前，怎样治疗仅仅是一个猜测。

言语型学习障碍这一标签指的是孩子在数学、解谜、快速运动、复杂运动、看地图和图表、了解自身所处的环境等方面存在障碍，这些事情都不需要运用文字推理、听觉处理以及对文字和声音的理解，它们的问题都出在右脑而不是左脑上，因为右脑负责空间和运动规划能力，以及某些情感表达能力，左脑负责文字的学习。这又是一个表示问题存在的术语，但术语并不意味着能给出恰当的治疗方案。

改善这些学习障碍的方法就是要先弄清楚潜在的根本问题。这些问题都来源于感觉系统，它们属于学习树的根基。我们知道，根基是给树干，也就是我们的各级思维能力提供营养物质的。要解决这些问题，就要先弄明白孩子是如何使用不同的感觉系统的，然后找出孩子在学习中存在的优势和不足，用优势弥补不足。

每个孩子都有自己的独特之处。有的孩子可能拥有非常强的视觉记忆能力，但是视觉 - 空间处理能力却不强。例如，你出示一套卡片，他能很容易地记住这些图片和图片下方的文字，但是你让他画出一个房屋的结构镜像图，他却画不出来。有的孩子在运动方面可能存在问题，但是却很善于解决抽象的视觉问题。例如，那些行动笨拙却能构想出空间图形和其中复杂关系的教授，曾经就是这样的孩子。这些不足之处有助于解释问题是如何产生的，而那些优势则为改善不足之处提供了解决之道。

请记住以下 4 点：

- 感觉系统对良好的思维发展至关重要；
- 感觉系统中存在的问题可能会削弱孩子的思维能力；
- 很多不同的感觉缺陷会引起相同的症状或问题；
- 某一特别的感觉缺陷会引起多个问题。

接下来，我将以注意缺陷多动障碍为例来阐明以上 4 点。

你对上述 4 点关系的理解至关重要。对你的孩子来说，只有你才是最好的观察者。一方面，如果你的孩子能够对这些感觉进行解码，然后进行整合，他就会发现集中注意力和解决问题是一件非常容易的事情。另一方面，如果孩子的心理和身体配合得不好，他的世界就会变得支离破碎，他要走的生活之路将会更加崎岖。只要你弄明白这一切是如何契合在一起的，抓住其本质，你就能帮助孩子集中注意力，让他在智力和情感两方面不断获得发展。

注意力不集中是一种症状

通常，我们不会把注意力不集中本身看作学习障碍问题，但是这一问题确实成了孩子在学习上的拦路虎。下面是一个非常典型的注意力不集中的例子。

比利的故事

> 电话铃响了。听得出，电话另一端是个非常恼火的声音。他告诉比利的妈妈，比利在课堂上的表现：骚动不宁、坐立不安、和周围的同学交头接耳、不听老师讲课。不仅如此，比利滑稽搞怪的动作还影响了周围的孩子，导致他们也没法集中精力听讲。

打电话的人应该是比利的老师、辅导员或校长，他指出比利可能患有注意缺陷多动障碍。他将这一沉重的包袱压在了比利的妈妈身上，妈妈一筹莫展。她也不是没有做过努力，但收效甚微。妈妈该怎么办呢?

首先，比利的妈妈，或者任何一位遇到类似情况的家长，都需要把目光放宽，看到孩子症状以外的情况。在比利的案例中，其根本问题是孩子注意力不集中。

提到注意力的问题，我们通常有两种思考方法。一种方法是把它简单地看成人类神经系统的一个特征。你要么能集中注意力，要么不能。如果不能集中注意力，可以服用一些刺激性药物，如利他林（Ritalin）、阿得拉（Adderall）、专注达（Concerta）等来改善注意力。

对于注意力的另一种思考方法就是把集中注意力看作一个逐渐发展的过程。正如我们所看到的，在孩子出生的头几个月，当他循着妈妈的声音找去或者把脸转向爸爸露出满脸笑容时，那就是注意的开始；当一个蹒跚学步的幼儿转向一只泰迪熊，并指着它表示想要时，他利用肢体语言解决问题的方式也就是在利用注意；当一个孩子坐在教室里听老师讲课，然后举手回答问题时，那也是在利用注意。不管是跟随目标的婴儿，还是利用运动系统来解决问题的幼儿，甚至和老师进行交流的小学生，他们的行为都涉及集中注意力。

注意是一个动态的、主动的过程，同时，又涉及很多神经系统。在本书中，我们所持的观点是，注意包括接收视觉、听觉、触觉等各种感官信息，加工处理这些信息，规划行动和执行行动。注意力集中不是指孩子能静坐很久。很多成功人士，包括教授、工程师、医生、教师、厨师、学校校长和优秀的家长等，他们也并非能坐得稳如泰山。只要他们能够接收信息、加工信息并理解信息，同时进行行动规划并执行行动，那么他们就能够集中注意力。

大多数情况下，注意力不集中是其他问题的表现症状，就像发烧一样，发烧不是一种疾病，而是一种很常见的症状，只服退烧药而不寻找发烧的根源并不能解决问题。你需要弄清楚到底是什么原因导致了发烧的症状。同样，我们又该如何弄明白孩子注意力不集中的原因呢？

处理声音

如果你的孩子在注意力方面存在问题，那你肯定经历过类似下面这样的事情。

安娜的故事

爸爸对安娜说："你需要上楼，穿上鞋子，然后下来，准备出去，因为我们要出去吃午饭。"过了一会儿，通常比爸爸预期的时间要长一点，安娜下楼了，但两只鞋子都脱掉了。爸爸问："你的鞋子呢？你刚才在楼上干什么了？难道你没注意听我的话吗？"爸爸很恼火，告诉安娜回去穿鞋。安娜耸了耸肩，嘴里嘟囔着什么。她上楼了，这一次下楼的时候，她把鞋子穿上了。

为什么第一次上楼的时候安娜没有穿鞋呢？她刚才只是没听爸爸说什么吗？无疑，爸爸就是这么认为的。但是，事实上并不是这么回事。

正如我前面提到的，注意力不集中只是问题表现出来的症状而已。在安娜的例子中，问题是她难以处理听到的声音。也就是说，她难以对构成词汇的各不相同的区别性声音（distinct sounds）进行解码，临床医生将这种情况称为听觉处理障碍。在听觉处理障碍中，存在多种不同的表现形式。安娜的问题是极其常见的一种：她记不住文字序列。她只是加工处理了爸爸的话语序列的第一部分："需要上楼。"但是由于她不能快速准确地进行语音解码，其余的序列就一团混乱了。安娜上楼之后不知道自己需要干什么。她的问题在于给信息排序时存在障碍，不能对复杂的文字指令进行正确解读，然后记住这些指令。

估计很多人都有过这样的经历：拦住过路人问路，问完了头脑还是一片混乱。“开车走两个楼区，往右拐，之后再走三个楼区，在左边你会看到一家教堂，然后在第二个路口向左拐。在学校后面的右侧第三栋房子就是。”现在，假设那个路人口音很重，那么你必须得好好想清楚他刚才说的这番话。当你还在“翻译”第一部分的时候，你已经走过了很多停车标记和好几个拐角，你会发现，你已经沿着他指引的方向来到两公里以外的地方了。对那个路人来说，方向非常清楚。他就像我们大多数人一样，认为如果自己明白这些指令，别人也会明白。

安娜在听到一系列难以解读的声音时，不知道该如何去做，也就不足为奇了。第二次她只听到爸爸的一个要求：“回去穿鞋。”虽然她还是需要上楼，但是那个步骤是一个重复指令，所以她就把注意力放在穿鞋上了。

处理视觉－空间信息

现在，我们来看看导致注意力不集中的另一个原因。与声音处理完全不同，它涉及视觉信息、视觉－空间信息的接收等几个方面。在视觉－空间信息处理方面存在障碍的孩子不能很好地提取整个画面的信息。那些毫不相关的细节分散了他们的注意力，使他们迷失了方向。

安迪的故事

安迪也要上楼找鞋子。他上了楼，在床附近找了找，没有看到自己的鞋子。正当他在想去哪里能找到鞋子时，突然看到了自己的电动车。这时，他的注意力马上分散了。他连想都没想鞋子可能在哪里，因为他无法想象整个房间里的情况，不能系统性地排除某些地方。

安迪的注意力无法集中在“找鞋子”这一任务上。当然了，他要么空着手下楼，要么带着他的小电动车下楼。于是家长就会认为安迪没有听到他们说的话。

处理动作序列

在处理声音和视觉－空间信息方面存在障碍是造成孩子注意力不集中的常见根源，但还不是最普遍的根源。在所有因为注意力存在问题而前来找我咨询的孩子中，大多数都在运动规划和行动排序方面存在问题。在对文字要求、视觉信息或环境做出回应时，例如，要通过一个障碍训练场时，他们会在组织并执行多步骤的行动计划方面存在一定困难。他们不能恰当地组织步骤，所以记不住，也就完不成任务。运动规划和排序是学习树的树根系统中的一个基本组成部分，这方面的问题也是由神经差异导致的。

妈妈要求儿子乔纳给她做一个花生酱果冻三明治。这件事并不难。现在我们来看看乔纳要做哪些事情。首先，他要打开冰箱，拿出花生酱，拿出果冻，把装花生酱的瓶子和果冻放在桌子上，从箱子里拿出面包，放在桌子上，拉开盛放刀具的抽屉，拿出一把餐刀，将餐刀、瓶子、面包等放在一起。然后打开瓶子，拿起餐刀，在一片面包上抹上果冻，在另一片面包上抹上花生酱，再将两片面包合在一起。接下来，把三明治放在盘子里，端给妈妈。做三明治总共需要 16 步，其中任何单独的一步看上去都不复杂，但是对于一个有运动规划障碍和排序障碍的孩子来说，这些步骤加在一起就像攀登珠穆朗玛峰一样困难了。乔纳最后很可能坐在桌旁舔粘在手指上的花生酱，而不是把花生酱涂在做三明治的面包片上。对于一个在运动规划方面存在困难的孩子来说，16 步就是一大堆的组织问题，太多、太烦琐了。

对于那些听不懂作业要求的孩子来说，动作序列问题是一个前兆。他们完不成应该完成的任务，又忘记上交已经完成的作业。因为老师要求的步骤太多，而他们的规划能力则相对不足。

调节各种感官

我们刚刚列举了不同的例子来阐述由三个不同的根源而导致的孩子注意力不集中的问题，即处理声音、视觉–空间信息和动作序列方面存在困难。但是，上述问题并不是造成注意力不集中的唯一原因。如果在调节或者调整某一特定的感觉系统方面存在困难，也会导致孩子的注意力不集中。有些孩子对特定的感官信息，如视觉、听觉、触觉或者嗅觉等的反应方式不能进行系统地管理。也就是说，这些感官信息容易使他们过度反应、不做出反应或者希望得到更多的信息输入。那些对声音反应过度的孩子，如果他们坐在嘈杂的房间里或者旁边坐着一个吵吵闹闹的孩子，就极有可能被弄得不知所措，很容易分散注意力。这是事情的一个极端。另一个极端是，还有些注意力不集中的孩子是因为他们感觉不足而没有反应，对他们来说，那些正常的说话声音都不够大，也就无法引起他们的注意。

有一次，在我的办公室里，我对一个小男孩用正常的音量和语调说话，说了至少 5 分钟，他才终于从玩具中抬起头来看我。我由着他去，想看看他到底需要多长时间才能关注到我的话，他的反应不足达到了什么程度。我发现，只要我提高了说话的音量，一秒之后，他的注意力就会被吸引过来。后来我发现，这个孩子对很多不同的感官刺激都反应不足。

与上述情况有所不同的是那些追求感官体验的孩子。事实上，追求感官体验的孩子经常渴望感官的刺激。他们不断地寻求更多的触觉、视觉、听觉信息或者做更多的运动。他们往往很主动，容易分心。事实上，他们就是很典型的被诊断为存在注意缺陷多动障碍的孩子，他们的表现非常明显。

还有一部分孩子注意力不集中，但是他们与上面描述的情况都不相同。然而究其原因，我们尚不可知。

07
声音不是简单的语音组合

区分声音是发展语言能力、学习阅读和理解所读内容的第一步。看起来，阅读理解似乎与声音扯不上关系，但事实上，语音识别、语言发展以及阅读理解构成了一个连续统一体。孩子的阅读理解水平取决于他的识字能力和在上下文中理解词汇的能力。对于一个能听到声音的孩子来说，他的阅读能力主要依赖于听觉处理系统，也就是取决于孩子是如何接收声音并理解声音的。失聪儿童则必须依赖自己的眼睛所见到的，即从唇语到手语到书面语，还可能需要特殊指令来发展识字能力和阅读理解能力。

如果孩子不能很好地区分声音，表达也不顺畅，他可能要说出一个词之后才能理解它的意思。虽然这会让孩子表达吃力，但并不影响阅读理解。如果孩子听力很好，能重复别人说的话，但是不一定真正理解意思，他就可能存在阅读理解障碍。就像我们前面分析的注意缺陷多动障碍问题一样，语言学习障碍可能也不仅仅是单方面的原因引起的。下面，我们先来看看孩子的语言是如何发展的。

语言的发展

在语言发展方面，新生儿的第一要务就是听出声音之间的差别，也就是对各种声音进行解码。当我们和婴儿对话时，就是在让孩子接触各种不同的声音:“啊，你太可爱了！”“噗、噗、叭、叭”我们强调着各种不同的读音，还会扮出各种各样的生动表情，以吸引孩子的注意。当我们说这些字词时，我们离孩子很近，他们连我们双唇的形状都看得清清楚楚。大多数孩子都会专心致志地注视我们的一举一动，可能还会发出声音作为回应。所有这一切都发生在孩子第一次对周围世界产生兴趣、参与他人活动的时候。

当孩子长到四五个月大时，他们发出的各种声音就成了与我们有目的地进行交流的一部分。在这一双向交流中，孩子成为积极的参与者。到孩子 8 ～ 10 个月大时，父母与孩子之间的交流与日俱增。

当小孩子能够模仿并发出简单的声音时，他们在语言发展方面已经为下一个能力层次（即辨认声音）做好了准备。他们逐渐明白许许多多的小片段（各种声音）能够产生一个模式（词汇），这一模式能够解决问题，比如得到有趣的东西。渐渐地，婴幼儿开始越来越多地利用各种具体的声音去表示奶瓶、洋娃娃或者球等具体物品，当然，他们会连同肢体语言一起使用。他们逐渐认识到将具体的语音模式和肢体语言结合在一起，能得到自己想要的东西。

如果你的孩子看起来在解读声音方面存在问题，你最关心的可能是:“我应该从哪里入手呢？”如果你的孩子现在 3 岁，还不能掌握谈话的诀窍，那么你就要从较早的思维层次开始，这个思维层次要早于一个能说得很好但还不会阅读的 6 岁孩子的思维层次。因为 3 岁的孩子只需要感知各种语音模式和声音组合，但 6 岁的孩子还需要将视觉形象即字母与声音联系起来。

区分声音

下面，我们从说话还不多的 3 岁孩子开始讨论。

通过阅读前面的对幼儿语言发展的描述，你现在应该能清楚地知道孩子的问题出在哪儿了。但是，如果你还没有明确问题所在，那也没关系，我们就从头开始训练。

开始，你想赋予那些简单的、基本的声音以旺盛的生机与活力，你加快“running”（跑）一词的发音速度，变成“ruh、ruh、ruh”（跑），将“babble”（牙牙学语）加快变成“buh、buh、buh”（牙牙），你想看看孩子能否重复上述声音。于是，你扮着滑稽的笑脸，发出有趣的声音，并将搞怪的表情与夸张的声音编进游戏，以吸引孩子的注意。只要你加大发音力度，就会自然而然地呈现出夸张的表情。这样一来，每当你发出这些声音时，孩子就会注视你的脸，甚至还会注意到你发音时舌头的位置和嘴唇的形状。如果他不能区分“buh”和“duh”，你就让他看看你的口形是如何变化从而发出“buh、buh、buh”的，再将这个口形与舌头和前腭触碰而发出“duh、duh、duh”时的口形形成对比，然后加上一个“muh”的声音。你可以照镜子看看，和孩子一起练习这样的动作和声音。帕特·琳达穆德（Pat Lindamood）在她著名的琳达穆德 – 贝尔（Lindamood-Bell）方法中，特别强调了这一方式。

对于一个 5 岁的孩子来说，虽然他对有些声音还拿不准，但是已经能通过对话与你交流了，所以你可以让发音活动更复杂一点。比如，你们可以一起玩动物声音的游戏，你说“狗”，然后就开始“汪汪”地学狗叫，孩子就会模仿你；你说“猫”，然后“喵喵”地学猫叫，接下来孩子也会跟着“喵喵”地叫，等等。如果他已经能够识别各种动物的声音，你们就可以在重复发音的时候，轮流发出动物的声音，并猜一猜是哪种动物发出来的，或者可以在游戏开始时，让孩子模仿动物的声音。如果孩子发出“咕咕”的声音，那你就要当一只“咕咕”叫的布谷鸟。然后让孩子尝试不同的鸟叫声，例如，他发出“哇哇”的声音，那他就是一只“哇哇”叫的乌鸦。孩子们喜欢自己发出稀奇古怪的声音，但是，请记住，游戏要从模仿你的声音开始。

发音是对口腔动作的挑战

在这一章里，我们重点讨论那些在处理所听到的声音方面有障碍的孩子，他们的主要表现就是当有声音发出时，不能抓住组成声音的各个部分。问题的关键是要让孩子弄明白如何解读并重复这些声音。当孩子的舌头、双唇等发音器官的运动存在困难时，语言的发展就会延迟。孩子可能确切地知道自己想发出什么样的声音，也能对声音进行正确的加工处理，并且能听到自己在大脑里发出的声音，只是他的口腔以及口腔周围的肌肉无法呈现出正确的发音口形。

用前面介绍的方法进行简单练习也能为这些口腔肌肉运动存在障碍的孩子提供帮助。但是，这些孩子需要从最简单的声音开始练习，例如，在转入练习“buh”“ruh”“luh”之前，要先练习“eee、eee、eee”，虽然练习的顺序可能因为孩子自身情况的差异而有所不同，但是根据实验，在练习前者的发音时，孩子的嘴巴和舌头更难控制。记住，在练习这些发音时，口形要夸张一些。小孩子很快就会练习好嘴巴和舌头的肌肉，将其协调一致。语音病理学家和口腔肌肉动作专家也提出了各种各样的口腔按摩技巧，以加强舌头和口腔肌肉的运动。以上练习活动都要在从事口腔运动工作的语音病理学家的指导下进行。

为声音注入生命活力

一旦你的孩子熟悉了不同的声音序列，你就可以加大练习量。你已经投入了巨大的感情，包括表情和热情来帮助孩子学习发音了。现在，你要加上运动规划和排序。孩子会发明各种肢体语言来配合自己发出的声音，例如，他可以充当管理各种声音的乐队指挥，还可以在乐滋滋地发出这些声音的同时，伴以舞蹈、摇摆、跳跃等动作。

对于那些在学习字母的孩子来说，他们可以利用某些特定的字母发出美妙的声音，从而给自己的身体运动伴奏。我们就用字母"T"来举例。"T"就是一个站得笔直的身体，将双臂伸至两侧，并使之与肩膀齐平，同时嘴里喊着"tee、tee、tee"（字母 T）；至于字母"O"呢，你可以摸摸你的脚趾（toe），嘴里说着"oh、oh、oh"。你试一试，感觉怎么样？现在，再来试一招。首先站直，让两臂绕成一个圈，举高，贴近脸前，再试试"pee、pee、pee"（字母 P）的发音。效果如何？你可以快速地连续发出这三个音，同时做上述动作。如果你的孩子年龄大一点，正在学习拼写，你会发现，不管是拼写还是阅读，用学习这三个字母的方法，你就能教孩子学习不同的词。这些词都依赖于理解声音序列所适合的语音模式。最终，你会想用这样的方式来试一遍字母表中所有字母的发音，当然，你没有必要拘泥于字母表的顺序，无须按照顺序来学字母。我认为最好从那些常在词汇中出现的声音开始，因为这些词孩子用得最多，然后再转向那些孩子不太熟悉的词。用不了多久，你会发现，当你想和孩子练习某个特定的字母发音时，比如"W"或者"N"，你和孩子就会进行合作并发挥创造精神。

区分混合音

我喜欢在开始时就讲混合音的问题，这样可以证明字母之间是如何相互关联的，而不是一个字母孤单地等在那里，让别的字母来寻找它，然后才结合在一起。我们可以从那些与孩子的兴趣有关的混合音开始练习，如果孩子喜欢卡车（truck），就利用"tr"这个音，或者如果恰好时值冬天，就可以发出一连串"brrrr"(表示寒冷)的音，或者模仿动物的声音"grrrr"(吼叫声)。然后反复练习，发出不同的混合音：快的、慢的、搞怪的等等。可以根据孩子的语言能力情况，转向孩子最需要练习的混合音。通过与你进行有趣且表情丰富、情绪充沛、充满动作的练习，你便把孩子拉进学习活动中来了。对一些孩子来说，他们很快就能熟练地感知声音并给声音解码；而对有些孩子来说，需要的时间可能要长一点，但是通过不懈练习，成功便指日可待。

建构词汇

在大量练习区分混合音的基础上，语言发展的下一个步骤就是将单纯的声音和混合音组合在一起构成词。现在，假设你 3 岁的孩子在玩他最喜欢的玩具卡车。你要表现出对他的玩具感兴趣，参与他的游戏，你说："多棒的卡车（truck）啊！"他会说："truh。"你就利用肢体语言和动作，围绕着"truck"一词与他进行互动，说说与"truck"有关的冒险活动，直到孩子能够很好地理解这一语音模式，说出完整的词"truck"。很快，他所说的内容就会从"卡车"变成"我的卡车"或者"这里的卡车"。这些游戏和语言上的飞跃能让你和孩子将词与词组合起来，一旦将这些词用于更复杂的表达方式，孩子就会模仿你，继而活学活用。

一旦孩子了解到三四个字母能构成词，他们就会学得很快。他们积极地学习词汇，因为他们知道发出一定的声音并辅以手势能让他们得到想要的东西。如果孩子在辨认语音模式方面比较迟缓，那就要花费更多的精力来练习。对此，当孩子发出的声音区别性较低时，你可以表现出迷惑的样子，给孩子打出手势并用清晰的声音说明他的某些发音是正确的，并纠正那些听起来明显错误的发音，即那些他本来想说而没有说清楚的词。为了实现自己的愿望，孩子会尽最大的努力重复正确的词汇发音。他只是需要练习，而这种练习是通过与你富有表情的交流方式而进行的。

对于年龄稍大一点的孩子来说，如果他还不能将自己的意思表达得非常清楚，你就要把声音、手势、词汇模式的辨认等融入游戏，帮助他将词汇的模式与一幅更大的画面联系起来，而不是与他目前想要的或喜爱的玩具联系在一起。随着孩子日常活动范围的逐渐扩大，他的游戏时间也会逐渐延长，某些游戏能将运动和指令词结合起来，比如捉迷藏（Hide and Seek）、给驴子钉上尾巴（Pin the Tail on the Donkey）等，玩游戏有助于孩子掌握词汇模式，鼓励他提出正确的问题，然后遵守指令。

在玩捉迷藏时，通常是一个人藏，另一个人找。如果寻找者提问，知道躲藏者藏身之处的那个人就要给寻找者提供线索，如躲藏者所处的地方是冷还是热。就像寻宝游戏一样，需要将语言与活动相关的因素结合起来。在给驴子钉上尾巴的游戏中，你要先把图片挂好。图片上是一只没有尾巴的驴，孩子则握着驴尾巴，并蒙住眼睛。你让孩子原地旋转几圈，然后让他四处摸索，寻找图片。他便开始问你往哪里走才能找到图片。这时，你要给出简短的指令，如往前走两步。他嘴里就会重复着“往前走两步”，并且数出两步。你可以帮他数数，如果需要的话，你也可以拉着他的手，直到他找到图片为止。孩子的目标是通过问问题来给驴子钉上尾巴，你的目标是鼓励他遵循口头指令，也就是将声音和动作结合起来。如果孩子感到这个游戏有点困难，你可以尝试一下其他游戏。

通过上述类似的游戏，孩子可以练习解决问题的能力，因为这些问题都融合了不同的词汇模式和运动。对孩子来说，参与那些激动人心的游戏是一种鞭策和鼓舞。在游戏中，他将自己的感觉、情绪与表达融合在一起，朝着更高一级的思维层次迈进。

以经验和情感为基础

提高孩子的语言技能要从我们前面提到的几个步骤开始：区分声音，为声音注入生命活力，区分混合音，鼓励孩子重复词和句子，鼓励孩子参与他所喜欢的活动或事情，这些都能使学习和练习更容易。也就是说，别从某些随意列出的清单开始，而是要遵从孩子内心的愿望，因为一切学习都是从孩子的情感投入开始的。

在学习中融入与孩子的情感联系不仅能激励孩子，而且能促使他理解词汇或概念。孩子知道苹果是什么，不是因为你给他读了词典上的定义，而是因为他品尝过苹果甘甜的滋味，还可能亲手从树上摘过苹果，所以他对苹果有自己的观点；孩子知道妈妈是谁，因为对于妈妈这个概念，他有自己的亲身经历：妈妈是温暖的、慈爱的，妈妈会拒绝他，也会帮助他。我们都是在真实的生活中，在不同的语境下，通过将词语及其所代表的意义与我们的各种感官以及情绪联系起来这样的方式学会词语的。

比如，有个孩子的词汇（短语或句子）识别能力发展得比较缓慢。每次去动物园，他都会急匆匆地冲向猴岛。显然，他很喜欢猴子。即使他没有这样说，他头脑中也有这样的概念，那么我们就能很自然地想到让他练习“猴子”这个词。他的父母可以指着带箭头和猴子图示的路标，问他是想看猴子还是想看狮子或者其他什么动物，孩子就会受到极大的鼓舞来重复“猴子”这个词。以后，当他看到书上的猴子图片时，就能自然而然地重复这个词了。

这个孩子也可能存在口腔运动障碍，所以发“猴”（muh）这个音对他来说会很困难。开始时他可能发出的是“uhnkey”的音。没关系，他不需要立刻做到将声音与概念进行完美配对。我们只要耐心地教他发“猴”（muh）这个音，帮助他逐渐掌握这个发音。重要的是学会概念，即教给孩子如何发出他想得到的那个东西的一系列声音。一旦他明白发出一系列特定的声音就能让别人知道他想要的东西，那他就会受到激励去使用象征性语言。

研究那些在说话方面发展迟缓的儿童是我工作的一部分。我发现，让这些孩子玩那些心仪已久的东西时，他们尝试发出不同声音的能力就会突然提升一大截。其中的关键是，要从孩子的兴趣爱好入手。

非常典型的是，存在听觉处理障碍的孩子能调用更强有力的加工处理区域来弥补薄弱区域的不足。在我们所运用的方法中则改变了这一动态倾向。首先，我们确保孩子具有发音的基础，然后我们调用视觉、运动系统，还有大量的情感、表情和经验等更强有力的感觉系统来帮助孩子整合稍弱一些的感官，让孩子在使用和发展大脑的听力区域时更容易一些。

下面是一个类似的例子。想象你的身体某处有一块软弱无力的肌肉，如果你对它不管不问，那么其他的肌肉就会来补偿它。自然，它就得不到强化。因此，你首先要孤立它，锻炼它，感受它，你要想方设法进行锻炼，让你的这块肌肉运动起来，与其他肌肉协调一致。这样，它就能与其他肌肉融合在一起，并被用于整个身体的运动中了。这一过程和强化任何需要促进的感官的过程是一样的。

对于年龄大一点的孩子来说，如果他们在语言或者阅读方面发展缓慢，那就需要重新创建这一发展过程。你需要创造一切可能的机会来促进孩子感官的发展，因为感官的发展会有力地支持并提升大脑区分各种不同声音的能力。那也是地板时光的意义所在，正是通过与孩子共同度过地板时光，才将所有内容整合在一起，从而促进孩子听觉技能的发展。这项任务越具有挑战性，就越需要乐趣。

阅读能力的发展

通常的阅读障碍问题并不是由落后或低效的教学活动或者孩子的阅读面过于狭窄造成的，而是因为“听觉不灵”的孩子对各种细微的语音差别分辨不清。如果孩子想获得较强的语言能力和阅读能力，那么他所需要的最重要的技能就是我们前面讨论的对声音进行解码的能力、听到声音并区分声音的能力，以及听到并区分混合音和判断语音模式的能力，另外还有理解声音如何构成词汇的能力。现在，假设孩子已经获得了上述基础，但还是存在阅读障碍，那又该怎么办呢？

声音与视觉形象的结合

对那些语言表达得体但是仍然存在阅读障碍的孩子来说，要让他们习惯于将声音和形象结合起来。为了做到这一点，可以让他们用自己的身体动作来表示声音，并创建一个很别致的迷你字母表。当你问孩子“你怎样画出‘duh’这个声音”时，他可以比画一个圈，或者问他怎样画“kuh”时，他可以比画一个角。他还可以使用不同的颜色来表示声音。然后你可以和孩子做个游戏，看看他是否能记住并再现这些声音。

在初始阶段，不管孩子良好的运动能力会促使他干什么，只要他用独特的形象来代表不同的声音，孩子就开始将看到的与听到的和所说的联系在一起了。视觉系统和运动系统是对声音系统的支持。

作为家长，你下一步的任务是使用另一种表示“duh”声音的方法。你先打印一个字母“D”，然后让孩子练习描摹出该字母的形状。如果孩子不会，你可以握着他的手来描摹，或者你慢慢地写这个字母，展示给他看。运动系统发展迟缓的孩子可以在字母还没有完整地写出来的时候就读出这个字母。如果他们调用视觉、情感、动作、听觉等能力，即使还不能很好地读出这个字母，也会促进大脑的各个部分开始共同协作。

之后，孩子会转向从视觉方面将“dr”“br”“qu”等混合音与这些声音的描述匹配起来。当孩子能将声音与视觉形象联系起来时，他们就学会了读出单个的字母、混合音，并最终读出整个词。

理解词汇

接下来，我们要帮助孩子理解他听到和读到的词。孩子可能有敏锐的听觉，也能重复听到的词，但是不一定能真正理解听到的词的意思。他也许能发出一个很长的单词的音，如“sympathetic”（富有同情心的），或者他可能视觉记忆不错，知道这个词怎么写，但是要想真正地懂得这个词的意思，并很快地在上下文中理解，他需要在多种语境下听到并使用这个词。

为了帮助孩子理解词汇，我们要先确定两个原则：

- 让各个思维部分共同协作；
- 以兴趣和经验为基础。

也就是说，对孩子来说，不管是公园里的猴子还是正在铺路的卡车，只要对他有意义就行。对于一个能进行口头交流的孩子，你可以和他共同朗读他最喜欢的故事，然后进行讨论，或者编一首歌，重复故事中提到的词，也可以让孩子扮演故事里的人物，带头表演这个故事。对于沉默寡言的孩子，如果他的语言能力尚不能阅读，你可以为他朗读绘本，一起看图画，用故事中提到的词来交流思想，然后扮演故事里的人物。孩子可能还不会发出书上那些词的声音，但是他会明白这些词是在表达一个故事，这能让他进入一个奇妙的世界。

有些孩子不能顺利地把看到的图画转化成要表演的情景。这时，你要给他提供一定的选择，帮助他理解语境。如果故事中的图片画的是一只小狗站在角落里，不知道该走哪条路，孩子看不懂这个情景的话，你就可以侧面加以引导："小狗狗是该过马路呢，还是该摇摇尾巴表示自己很高兴呢？"如果孩子做出了不符合文本意思的选择，你可以说："哦，可能狗狗看到了一位朋友，想表示自己很高兴，那它现在该干什么呢？"这样再回到原来的问题。记住，让孩子回答"为什么"的问题时，一旦你给他提供了选择，那就要先给他"正确的"选择项，然后才是"错误的"选择项。这样他就会较少受到你的话的影响。

这样的方法在学习单个词时也同样有效。你可以和孩子一起讨论一个新词的意思并将它扮演出来，例如，可能你的大孩子正在学习有袋类动物，你也想解释给你的小孩子听听。你可以把袋鼠的图片拿给他看，解释说有袋类动物就是妈妈把它们的宝宝放进育儿袋里，然后你给孩子一个围裙，让他将一个动物玩具放进围裙前面的口袋里，那他就能真正理解并记住"有袋类"这个概念了。如果遇到的词是"weird"（稀奇古怪的），你们可以讨论稀奇古怪的事情，然后让孩子扮演出"稀奇古怪的"表情或行为。一旦孩子从中找到了乐趣，这个词就会成为他情感经历的一部分。

总的来说，对于词汇理解，不管是书面的还是口头的，不管是像"truck"（卡车）这样简单的词，还是像"authority"（权威）这样更高级的抽象词，孩子理解和记住词汇的最好方法就是通过具体运用。利用孩子的兴趣，帮助孩子创造理解词汇意义的机会。

记忆和词汇

不管是面对一系列的字母还是数字，有的孩子感到困惑是因为存在记忆问题而不是因为对声音处理有障碍。那些不能按照顺序或倒序说出字母或数字的孩子，他们通常在记住所听到的内容方面存在困难。如果你的孩子看起来存在记忆问题，你可以让他练习记住他感兴趣的事物。例如，你可以对一个喜欢交换棒球卡片的孩子说："我会告诉你 5 个球员的名字，你能记多少就记多少。"用这样的方法来改善他的记忆力比简单粗暴地呵斥"给我记住下面这些字母或数字"的效果要好多了。

如何练习

仅凭以上这些方法并不意味着孩子能在一夜之间学会阅读。在某种程度上，孩子需要足够的练习。对于一个坐在那里，面前摊着一整本书的 7 岁孩子来说，哪怕这本书只有 20 页，这一任务也会让他望而生畏。让读书时间成为特别的时光，哪怕给孩子一点小小的帮助，对他来说也是一个极大的鼓励。所有这一切所需要的就是一个特别的伙伴。如果你能够带着热情去倾听孩子的想法，说不定还能为孩子的阅读练习增加点"音响效果"，好比他正在读一本关于狗狗的书，他可能会告诉你什么时候要"汪汪"地叫几声。

你也可以让孩子每读一页就暂停休息一会儿，这样孩子练习的节奏就会放慢，不至于把阅读当成一种负担。问问孩子你能否为他做些特别的事情，让他感到更有意思。如果他想不出来，你不妨提几个建议，让他自己选择。

如果孩子从熟悉的词开始阅读，他会以一种饱含情感的方式来调用所有的感觉，从而获得一种掌控感。一旦孩子听到一个声音，并能模仿这个声音，接下来他就能把声音和形象在视觉和动作上联系起来。

测一测，
你的孩子解读声音的情况如何？

1. 当你的孩子听到生词时，他____
   A. 在脑海中重现该词时经常很费力
   B. 不能在脑海中重现那些多音节词或者外来词
   C. 反复尝试，直到弄懂
   D. 即使很复杂，也喜欢学习生词

2. 当你的孩子玩将字母和混合音与其声音配对的游戏时，他____
   A. 经常因为哪个声音与哪个字母或混合音配对而感到困惑
   B. 因某些字母和声音而感到困惑
   C. 能给声音和字母正确地配对，但是需要一段时间
   D. 能很容易地给声音和字母配对

3. 如果你给孩子发出一系列指令，他____
   A. 经常不能领悟指令，完不成任务
   B. 能跟上简单的、两步的指令，如果指令复杂或者步骤较多，他就会不知所措
   C. 能跟上复杂的、多步骤的指令，但不是很确定
   D. 能跟上复杂的指令，能即兴现编，如果需要，能获得预期的结果

4. 当你的孩子获得了新的经验，如第一次见到带着壕沟的堡垒，知道“壕沟”这个词时，他____
   A. 向朋友讲述经历时，从来不用生词
   B. 会提到新的细节，但是不用生词来描述
   C. 会提到新的细节，在第一次或者第二次使用生词时很费力
   D. 喜欢使用生词

08
弹钢琴前先识谱

在第 7 章里，我们阐述了解读声音如何成为发展语言能力、学会阅读并理解所读内容的基础。在更高一级的思维层次上，通过进一步完善听觉处理过程，孩子就能够强化语言能力，提高抽象思维能力，这样，孩子就能建立并解释更宏大的概念图。

本章挑选了一些常见案例，他们均是在较高级的思维层次上存在阅读障碍的孩子。第一个案例讨论了年龄较大的孩子是如何协调听觉处理过程与其他感官的；第二个案例讨论了那些在理解指令方面存在障碍的孩子的情况；第三个案例则是结合个人经历，说明如何提高语言的抽象能力。

在较高级的思维层次上，孩子如何将来自声音的信息与来自中枢神经系统其他部分的信息整合，例如，如何将视觉加工与运动功能整合在一起呢？对年龄稍大点的孩子来说，这个问题确实有点困难，但是其解决方法基本与第 7 章提到的相同，也就是同时将多种感觉结合起来，反复进行练习。

整合听觉处理过程与其他感官

伊莎贝尔的故事

16 岁的伊莎贝尔在唱歌方面相当有天赋，但是在即兴音乐演奏方面却感到力不从心。因为伊莎贝尔想当一名专业歌手，所以这对她来说是一个致命的缺点。老师从来没有发现伊莎贝尔在阅读方面存在问题。要知道，伊莎贝尔可是个优等生。然而事实上，伊莎贝尔最不喜欢的就是阅读了。如果她非读不可，她就得硬逼着自己投入，才能挖掘出阅读材料中包含的信息。虽说如此，伊莎贝尔的抽象思维能力却不成问题，因为当她听到，而不是读到内容时，她就能够理解。对伊莎贝尔来说，听到一段复杂的乐曲并重复下来是轻而易举的小事，但是看到一段乐谱并将它转化成乐曲就有些困难了。

伊莎贝尔决定寻求专家的指导。她去拜访了哈里·瓦克斯（Harry Wachs）。瓦克斯是视觉－空间处理能力和思维能力方面的专家，他和同事汉斯·弗思（Hans Furth）著有《上学之思索》（*Thinking Goes to School*）一书。瓦克斯发现，伊莎贝尔的问题在于她不能将所看到的音符与所听到的声音联系起来，并进行相互转换。

从根本上来说，伊莎贝尔的问题只是我们在第 7 章所讨论的更为复杂的情况中的一种。在第 7 章，我们讨论了如何让孩子制造自己的字母表，以便将声音与视觉形象联系起来。伊莎贝尔在这些基本环节上不成问题，成为她的绊脚石的是那些更为复杂的环节，因为她不仅需要强化视觉－声音系统，而且还要强化视觉－运动系统。运动系统非常重要，发音需要头部、喉咙、胸腔，以及横膈膜肌等部位相互协调才能进行。可见，这就是伊莎贝尔要努力的方向。

视觉 - 运动之间的联系

最初，伊莎贝尔为了解决视觉 - 运动的联系问题所做的是最为基本的一个练习：常见的手 / 脚 - 双眼配合练习，如接球或踢球。她在一个最基本的层次上协调自己的视觉与动作。之后进入更高一级的练习：双眼注视板子上的小灯，小灯按照一个特定的模式不停地闪烁，而且这一模式会随机发生变化。当伊莎贝尔看到这一模式发生变化时，她要尽快按下一个按钮做出回应。这样的练习能帮助她培养用视线跟踪物体的能力。

伊莎贝尔进行的另一个视觉 - 运动练习是将颜色作为视觉符号，这些视觉符号分别表示不同的具体动作：红色代表往左迈一步，粉红色代表往前迈两步，亮绿色代表往右迈一步，深绿色代表往后退两步，等等。或者按照对角线迈步等，这些都是精心设计好的。助手会举起一张正方形的彩纸，要求伊莎贝尔做出回应。如果快速出示不同的颜色符号，那么训练的复杂程度就会增加。也可以用指示不同方向的闪烁灯光的模式来创建同样的练习。

视觉 - 声音之间的联系

接下来，伊莎贝尔开始进行将视觉形象与声音联系起来的练习。她会听到一个字母，如“A”或者“B”，当板子上的字母被随机点亮时，她就要按下相应的按钮。这个练习直接将她敏锐的听觉能力与她迟缓的视觉能力联系了起来。然后伊莎贝尔要面临一项更为复杂的任务：当她听到一个字母时，假设是“B”，她要将字母 B 转换成字母表中的下一个字母“C”，然后在板子上找到字母 C，或者转换成前两个或后两个字母。这个练习有多重困难，如果加快字母点亮的速度，任务的难度也会增加。

声音－运动之间的联系

伊莎贝尔还需要掌握声音和运动之间的联系。如同上面的练习，可以将字母或数字作为指示方向的符号，例如，字母“A”代表“向右转”，“B”代表“向左转”，“C”代表“向前移动”，“D”代表“向后移动”，等等。然后，当读出这些字母或者数字时，伊莎贝尔就要按照编好的指令去做。连续听三四个字母，任务的难度就会相应加大。

利用数字或者字母来指示方向也可以给寻宝游戏增加些花样。这些花样可能会让其他孩子更乐意参与其中。如果几个孩子进行比赛，看谁先寻到宝贝，那就会加快游戏的速度。

视觉－运动－声音之间的联系

伊莎贝尔面临的最后一个挑战是同时将视觉、声音、运动这三者联系起来。下面是其中一个练习。将字母与颜色联系起来创造一个代码，这个代码指示某个方向。其中，“A”加上绿色等于“左”，“B”加上红色等于“右”，等等。助手喊出某个字母，同时举起某种颜色，伊莎贝尔要将这些字母－颜色构成的指令转化成相应的行动。

也可以利用组合编码来构成以下指令：踢腿、摆动双臂、转头或者是你想做的任何动作。如果你的想象力足够丰富，这些活动的变化就是无限的。关键是不要弄得难度过大，以便孩子能够达到一定的成功率，否则会使他们气馁。如果能够达到 70% ～ 80% 的成功率，大多数的孩子就会深受鼓舞，继续将活动进行下去。当然，编码越多，发出指令的速度越快，难度就会越大。

解决伊莎贝尔的识谱问题

以上训练的目的是帮助伊莎贝尔强化各感官之间的联系。在进行了所有这些训练之后，伊莎贝尔开始准备解决识谱的问题了。碰巧，她的音乐老师用的是 100 多年前的瑞士音乐家埃米尔·雅克－达尔克罗兹（Émile-Jaques Dalcroze）的方法，这种方法同我们论述的学习树的方法非常相似，强调将动作、视觉、听觉、情感等各因素结合起来，以强化识谱能力。伊莎贝尔通过用肢体来表达一个乐段，与其他感官进行互动，从而在空间上将这些组合视觉化。现在，伊莎贝尔已经成功地将乐谱的各个方面整合在一起了，如音高、音阶、音符时值、节奏、音质等。对伊莎贝尔来说，这是她取得的一个巨大成就，这个成就证明了毅力的力量，以及利用优势来改善不足的重要性。

理解指令与遵守指令

孩子们会因为各种各样的原因而导致语言处理方面的障碍。有些孩子的情况是，虽然他们在早年没有表现出语言方面的障碍，但是上中学以后，做论述题却存在一定的困难，因为他们误读了题目要求。中学课业的复杂程度可能使得问题显现了出来。

杰克的故事

杰克就存在上述问题，他在回答考试中的论述题时遇到了困难。如果问题问得直截了当，例如，“美国独立战争爆发的原因是什么？请加以讨论。”杰克就会答得非常顺利。他的抽象思维能力很强，能很好地组织答案。可是，一旦问题复杂起来，杰克就会产生理解困难，例如，“学者对美国独立战争爆发的原因发表过各种各样的见解。有些原因尚未获得证实，所以不足为信。其中，有些观点与现代语境下的战争有关，而与美国独立战争无关。根据以上陈述，请就美国独立战争的原因，阐述一下你的观点。”当遇到一个有多个部分组成的问题时，杰克就不知所措了。即使这一问题实际上与那个简洁的问题并没有什么不同，但是面对复杂的发问，杰克还是焦虑不安，回答得毫无条理。他东扯西拉，写了伊拉克战争，又写到越南战争，其中也零零碎碎地提到了美国独立战争。

杰克 15 岁，热情友好，他的科学和数学成绩都是优，英语方面，在直接回答问题的部分表现得很好。可是，在课堂讨论中，甚至在与朋友的谈话中，杰克就会遇到“抓不着重点”的情况。如果对话涉及微妙的交流，他就会感到很困惑，心里直犯嘀咕：“他的话到底是什么意思呢？”当回答复杂的历史或英语问题时，他也会产生同样的迷惑。

排序问题

像杰克这样的情况，以及第 1 章中提到的萨莉的情况，核心问题都是记不住相关的口头信息和复杂的语言序列。例如，有人说：“你是个好人，你很有趣，我喜欢你，但是你做某些事情时我就不喜欢你了。有时候你这样做，让我想起我姐姐，因为过去她就常常这样做，我不喜欢她这样。”如果记不住这些，孩子就不知道自己该在哪个方面和别人保持一致。他记不住第一个陈述，然后别人又说到了另外一个问题，而这个问题可能是该语言序列中的第三个或第四个条目。

看起来这似乎是一个单纯的听觉记忆问题，但是事实上，除了保留零碎的信息之外，你需要理解每一部分的意思。假设你试图记住一首歌的歌词，歌词分别是用你不懂的语言和你懂的语言写成的。在面对不懂的语言写成的歌词，不理解意思的情况下，除了机械记忆之外，没有任何方法能帮你记住歌词。从根本上说，你记住的是毫无意义的词，记住它就是纯粹运用直接记忆。但是如果歌词是用你懂的语言写成的，你就可以利用歌词的意思来帮助记忆，并将它们按照合适的序列进行记忆。学习你的母语歌曲既包括直接记忆也包括意义记忆。

因此，我们可以把理解复杂的问题归纳为快速地抽象出意义，在大脑中记住其意义和相关序列，并把它们看作相互依存。排序是进行记忆和找到抽象意义的一种方法。对有些孩子来说，记忆困难是他们产生问题的一部分原因，但在杰克这一案例中，情况并非如此。

孩子在学习各种不同的学科时，都可能产生排序问题，但这一问题并不是经常地、全面性地出现。常见的情况是，有的孩子在数学和科学方面能够很好地排序，而在英语和历史这样需要运用文字的领域，他们的排序能力就相对薄弱，反过来，那些能够很容易地进行口头文字排序的孩子，在数学符号的排序方面却不见得很好。由于不能领会意义，排序问题也影响了孩子的社交关系，降低了孩子的社交能力以及自信心。

记忆障碍

我们经常会诊断出孩子患有记忆障碍。近期记忆（recent memory）、工作记忆（working memory）、陈述性记忆（declarative memory）等五花八门的术语都是用来讨论记忆障碍的。但是，这些术语还经常涉及其他障碍表现出来的症状。

近期记忆是指对刚刚过去的几个小时或者几天前发生的事情的记忆。患阿尔茨海默病或者脑血管疾病的人会失去近期记忆。但是发生在孩子身上的近期记忆障碍则非同寻常。如果你让孩子解释一下夺旗运动（Capture the Flag）的规则，他回答不上来，那可能存在多方面的原因，也许他没听到你的问题；也许他理解了你的问题，但是不能很好地将这些规则进行语言排序，形成一个完整的答案；也许他理解了你的要求，但是只顾着和朋友们玩了，根本没有注意这些规则；也许他存在神经性障碍，当然，这种可能性最小。

工作记忆是指此时此刻我们用于解决问题的记忆，例如，如何玩电子游戏或者如何去吃午餐。利用工作记忆的孩子都要从近期记忆和历史记忆中提取不同的信息，并利用这些信息来解决问题。那些被诊断出患有工作记忆障碍的孩子，经常会在综合感觉系统与思维层次方面存在问题。看似是工作记忆的问题，也可能是对感觉的过度反应，因为对感觉的过度反应通常会使孩子无法专注于手头的工作，或者也可能是孩子在理解视觉模式方面存在问题，还有可能是运动规划和排序等方面存在问题。还有一些其他类型的记忆，例如，陈述性记忆是指有意识的记忆，情景记忆是指我们对经历的各种具体事件的记忆。

毫无疑问，我们想关注的是记忆障碍。但是研究记忆起作用的根源，确保可能的记忆问题不会掩盖更基本的其他问题同样至关重要。

有时孩子们的记忆力非常好，在低年级时，他们确实意识不到自己对所学的知识并不理解，因为他们能背出来。一旦到了四、五年级，知识的概念更加抽象，无法单靠记忆力掌握时，学习障碍似乎突然“冒”了出来。所以在早期，孩子们要在理解概念上下功夫，因为有时候好的记忆力并不能帮助他们加深对概念的理解。让很多人惊讶的是，不止一个获得诺贝尔奖的物理学家，因为受制于死记硬背的教学方法和自身较差的记忆力，在小学阶段深为学习困扰，但是后来，他们却因为强大的抽象思维能力的发展而获得有益补偿。

排序练习

杰克的家长已经为他聘请了一位家庭教师。我向他的家庭教师建议，杰克应当在存在障碍的领域多加训练，例如，在解释复杂的口头信息和书面信息方面加大训练。家庭教师每周给杰克辅导两次，一次一个半小时，他会给杰克留下 10 个要阅读的问题，并在下一次辅导时进行问题解答。这样，杰克每周就有 20 个练习机会。

杰克的几位老师也会让他练习以前的考试题和论述题，以帮助杰克解决问题。开始时，杰克只是分析两段式的问题，后来将两段式问题扩大到带着一个否定性陈述的问题。随着回答问题的复杂程度逐渐加深，他终于到达了回答四段式问题的阶段，例如，“在美国独立战争中，有些将军被认为最有指挥能力，有些则被认为铸成大错。将军们分别是如何看待战争的优势和劣势的？在南北战争中，最优秀的将军和最拙劣的将军是如何评价战争的？在这两次战争中，最优秀的将军和最拙劣的将军，他们的观点有相似之处吗？”这是一个让杰克颇感头疼的多段式问题，这类问题要求学生在脑中记住大量信息。但是，杰克已经能把这个问题回答得差不多了。

来自家庭的支持

来自家庭方面的支持也不可小觑。杰克的父母对儿子说的话逐渐变得复杂起来，所提的问题也变复杂了。他们会说“你做 X 的时候不错，但是你做 Y 的时候，就不是非常好”这类话，或者“咦，我注意到你今天在进行足球训练时踢得相当卖力，那是不是意味着你开始像喜欢打篮球一样喜欢踢足球了”。

经过一段时间这样的练习，杰克就能记住越来越多的复杂信息，并能快速地理解话语的意义。正如我们所看到的，简单识记对杰克来说不是问题。问题在于连续并快速地解释大量口头表达的抽象意义。注意，在这里，我强调的是“大量”和“快速”这两个词。对于“为什么马克·吐温要塑造哈克贝利·费恩这一人物形象”这样的问题，杰克写了一篇优美的随笔，列举了很多原因来支撑自己的观点，即哈克充满冒险精神，是马克·吐温想要成为的那种孩子。在语言输出方面，杰克做得很好，只是在输入方面相对弱一些。

看见孩子的潜力

有时候，某个具体的障碍会成为整个训练场上的拦路虎，尤其是对那些在遵循指令或者回答复杂问题方面比较迟缓的孩子来说。有些人谈到杰克时可能会说“他只是不太聪明”，或者“他数学和科学还行，不过，他永远不会因为写作而获奖”。但是，通过识别存在的问题并进行纠正，杰克就有可能既擅长写作又擅长做数学和科学题。

孩子们通常会比我们所夸赞的更聪明，但是，就处理问题的能力来说，他们确实各有不同，因为他们在中枢神经系统方面的发展是不均衡的。然而，中枢神经系统的发展并非赛马，孩子的中枢神经系统不必在十三四岁时发展到顶峰，甚至在高中的低年级时也无须发展到与其他孩子的水平一样。有些孩子在高中时拼命学习而在大学时才逐渐显露出才能，正所谓“大器晚成”，究其原因，是随着成长，他们终于获得了足够的练习，克服了曾经遇到的各种问题和障碍。

关键就是要弄清楚“问题到底出在什么地方”，而不是将存在的问题看作事情的全部。在解决问题时如果只注重表象，那根本问题就得不到真正的解决。就听觉处理问题而言，我们需要准确地找到具体的障碍是什么。是理解特定词汇和概念的问题吗？如果是的话，原因是什么呢？是因为孩子能给两三个词排序但不能给五六个词排序吗？或者是因为孩子能给两个句子排序但不能给四个句子排序吗？还是因为孩子没有以一种个人的、有意义的方式接触某一话题呢？只有像这样寻根究底地找到具体的问题根源，才能对症下药。

通过个人经历来理解抽象概念

埃里克也像杰克一样，在语言理解的高级思维层次方面存在问题，他的作文思路混乱、脉络不清，这一点很明显。但是埃里克的问题还有所不同：他不是不能排序，而是不能理解作文题目的意思。

在第 7 章里，我们讨论了从孩子的兴趣出发，吸引他们参与活动，并强化听觉系统。孩子对某事产生兴趣至关重要，因为只有兴趣才会吸引他们有目的地组织并扩大词汇量，并最终形成概念。那些生活经历有限的孩子有时抓不住某个特定的概念，或者不能将具体的经历与不同背景下的类似经历联系在一起，导致对某一个科目的论述题不熟悉，从而无法进行正确的理解。

埃里克的老师让他写一篇关于马克·吐温笔下的哈克贝利·费恩与他父亲之间的对抗的作文，埃里克一时不知从何入手。

一旦孩子对学业产生困惑，要确认的第一件事就是：他是否确实抓住了问题的实质？这是埃里克和杰克都存在的问题，但是，正如我们所解释的那样，他们俩的问题产生的根本原因不同。我问埃里克："你明白'竞争'和'对抗'是什么意思吗？"他摇摇头，说："明白一点。我知道在比赛中可以有竞争，但是这与哈克和他父亲有什么关系呢？他们又没有进行比赛。"埃里克不能将比赛中的竞争和父子之间的对抗联系起来。

毫无疑问，在埃里克所在的七年级，孩子们通常都没有选择作文题目的自由。因此，如果他们在理解某个问题方面存在困难，就需要搞清楚如何获得与此问题相关的情感上的联系。为帮助埃里克看到二者之间的联系，我采用了一种久经考验的策略，将题目与家庭关系这一熟悉的话题联系起来，因为后者具有普遍共性，我们都不陌生。对家长来说，这也是个简单易行的策略，因为他们也很熟悉家庭生活，能将其与身边的问题联系起来。重要的是，为进行这样的沟通，孩子需要具备比较思维能力和灰色地带思维能力，他需要将自己的经历与别人的经历进行比较。

我对埃里克说："你有个弟弟，对不对？如果你们两个都想玩游戏机，那会出现什么情况呢？"埃里克说他们会争吵、打架。然后我问道："那最后谁赢了呢？"

他说："大多数时候是我赢，我比弟弟大呀！"

"埃里克，"我解释道，"你和弟弟争着玩游戏机，那叫作'竞争'。现在，你想想，你和爸爸有没有因为什么事情进行过竞争呢？"

他说："有啊，有时候我想踢足球，爸爸想打篮球。他说如果他不顺着我，我就会发脾气。"他想了想，继续说："我想那时候我也赢了。"

于是，我说："在《哈克贝利·费恩历险记》这本书里，哈克的父亲把他锁在屋子里，但哈克想出来，这样的对抗产生了什么结果？"

埃里克回答道："哈克用计谋打败爸爸，偷偷地和朋友溜走了。所以，实际上哈克也赢了。”一旦埃里克理解了竞争的普遍意义，我们就很容易引导他理解哈克与父亲之间的对抗了。通过这样的引导，埃里克就能在比较思维的层次上进行思考了。

有些孩子能自然而然地将抽象情景与个人经历联系起来，有些孩子则需要指导。一旦孩子能对他们的朋友和家庭成员进行比较，能对一些复杂的问题进行拆解，他们就能将同样的分析方法用于文学形象或者比较抽象的话题，利用自己的经历加强语言能力和抽象思维能力，从而提高理解能力。

14 岁的克莱尔的问题是，她弄不懂小说的主题，也不能真正理解人物性格以及各种关系的复杂性。她在将听到的或读到的内容整合出一个系统的框架方面存在困难。

同埃里克一样，当孩子们能利用自己的经历时，我们就能将他们引导到较高一级的思维层次，即反思性思维层次上来。

家庭关系再一次展现了它的重要性。克莱尔的家庭成员有：姐姐梅利莎、妹妹埃米，以及爸爸和妈妈。家庭成员所做的事情有克莱尔喜欢的，也有她不喜欢的。我们可以问克莱尔这样一个问题：“这些家庭成员的共同之处是什么？”回答这个问题需要提取这些人的共同特点，进行反思性思考。这并不是说要把孩子培养成初级心理专家，而是因为他们通常喜欢聊自己的家庭。一个好的提问者总是能够鼓舞孩子在情感方面发表自己的见解，从而帮助他在反思性思维层次上练习排序。

面对这个问题，克莱尔可能会这样回答：“我姐姐梅利莎和我不一样，她总是想当爸爸妈妈的乖乖女，而我喜欢按自己的想法做事。”当孩子们能用反思性思维来思考个人话题时，用不了多久，他们就能拓展思路，提高阅读理解能力，就像克莱尔，她最终提高了理解小说中的人物动机的能力。

抽象思维意味着“用自己的观点去解释别人的内心世界”，然后将这一见解用于一个不同的、抽象的语境中。这并不意味着一定要有亲身经历并假设其他所有人都有相同的反应。真正的抽象思维是能够发问：“如果这件事发生在我身上，我会有什么感受呢？我会感到很愤怒，但是他不同。他喜欢帮助别人。他也可能会为那个对他尖酸刻薄的人感到难过。”通过理解自己的情感，并从中抽象出人物的性格特征，克莱尔便学会了在个人感觉和抽象感觉之间建立联系：“小说中的人物在哪些方面与我有相似之处？他与我又有何不同？他感受到了什么样的社会压力？我会感受到什么样的社会压力？这些差别如何导致了我们不同的反应或者对情境的不同理解？”这样孩子便可以利用对自己和他人的见解，建立真正的抽象思维。

09
让孩子动起来

我们一眼就能辨认出那些不擅长运动的孩子：没被挑选进运动队的孩子、不想学骑自行车的孩子、找各种借口不去上体育课的孩子……虽然他们极力避免对自己的行为做出正面回应，想掩盖尴尬之情，但是家长锐利的眼光一下子就看穿了他们的“小把戏”。如果他们是你的孩子，你会感到心急如焚：“难道他天生就不擅长运动吗？”我的答案是否定的。

孩子动作笨拙、不协调，问题很有可能出在运动规划和排序上。但是在运动规划和排序方面存在问题，并不只是表现在运动能力很差这一个方面，它还会影响我们制订解决问题的行动计划，以及执行这些行动计划。我们该如何组织面部肌肉，通过细微的表情传达情绪呢？该如何调整音调，使之听上去既坚定自信又不会有咄咄逼人的感觉呢？该如何开玩笑地轻推朋友一把，但不会意外地弄伤他呢？或者我们该如何高效地跟上老师的讲解，为考试做好准备呢？

良好的运动规划和排序能力不仅是我们在运动方面取得成功的重要因

素，也是保证我们学业成功的关键因素，同时还是保证我们顺利开展日常活动的关键因素。正如我在前面提到的，我见到的几乎所有被诊断为注意缺陷多动障碍的孩子都存在运动规划和排序问题。如果孩子在去卫生间的时候迷路了，那是因为他不能连续规划好动作，记不住相关的动作步骤。当然，任何事情都有例外。那些动作笨拙的孩子，可能是商业规划的奇才。然而，大多数能规划动作并对动作行为进行排序的人都能规划好其思想和情感，并进行正确地排序。

所以不妨闭上眼睛想象一下：一个不能规划好自己的动作并给动作排序的孩子会遇到怎样的情形呢？他想接住飞来的球，但是他没有及时地伸出手，球正好从他的手臂间穿过了。他费了好大的劲儿，但是他的双臂之间看起来就像有个很大的洞。他试图将黑板上的数学问题记下来，可是，当老师讲解到下一个问题的时候，他才记了一半。

本章论述的重点是各种动作训练。这些训练的目的是提高孩子对粗大动作的运动规划能力，同时也讨论某些精细动作的运动规划问题。不管孩子存在的问题是肌肉张力不足、缺乏平衡感、协调能力不强，还是手眼协调能力不足，通过这些动作训练，他们都会有不同程度的提高。随着他们逐渐长大，这些能力会使他们在各个领域的规划能力和有效排序的能力得到改善。

运动规划和排序能力发展的不同阶段

注意和参与世界

为理解运动规划能力和排序能力是如何发展的，我们要追溯到孩子还没有出生时。随着胎儿中枢神经系统的发育成熟，尤其是小脑和额叶的发育成熟，他的随意的动作会慢慢变得有节奏，并具有同步性。胎儿不仅会对内部感觉做出反应，也会对外部感觉做出反应。轻轻地碰触妈妈的腹部或者哼一首摇篮曲，胎儿就会以一种特定的模式翻身或者踢腿。这一点我们从新生儿身上能明显地观察到：他们能用充满节奏的动作对妈妈的声音以及其他声音做出回应。

上面所说的节奏性是组织动作的开始，也是运动规划和排序的首要组成部分。那些神经系统发育迟缓的婴儿在形成这一节奏性和参与世界活动时经常出现延迟，他们的动作表现得更具任意性。随着他们的发育成长，其动作的节奏性及可预测性继续降低，变得更难预测。

情感是驱动节奏性动作的因素。婴儿转向妈妈的声音，是因为他发现妈妈的脸具有抚慰性，这使婴儿想重复这一行动。一旦他能跟随妈妈的脸，他就得到了最好的回报，那就是妈妈开心的笑容。在这个过程中，需要参与、情感、运动规划和排序等的共同作用。

与日俱增的情感联系产生了需要，这种需要导致了有目的、有组织的行动。婴儿对家长的反应就是我们所说的感觉影响行动（sensory affect motor）的反应，而不仅仅是感觉行动反应。也就是说，是情感决定了已经规划好的行动。如果婴儿发现妈妈的模样让人厌恶，他就不再想找妈妈了，而是会转过脸去，甚至还会表现出非常害怕的样子。

互动和交流

婴儿到 9 个月大时，就能清晰地看到妈妈的脸了，也能拿到妈妈手里的彩球，他会拿着球端详一番，然后再递回给妈妈，如果妈妈把球藏起来，他就会找妈妈把球藏在了哪里。这些都是有目的、有序列的平稳动作，都是对妈妈的动作做出的反应，是为了完成一种情感需要。

这一阶段的活动持续的时间相当长。在这期间，与孩子互相打出各种各样的手势非常重要。许多有动作协调障碍（dyspraxia）的孩子在这一阶段往往反应不足，因为他们不能组织出有目的的反应动作。如果孩子无法与另一个人进入协调的互动节奏，那就不能与对方形成更为亲密的关系。以后，这些孩子可能被扣上“注意力不集中”的帽子，或者被贴上“注意缺陷多动障碍”的标签。也正是从这个时候起，这些运动规划或者感觉障碍妨碍了他们参与亲密关系。从那些患有孤独症的孩子身上，我们能深刻地感受到这一点。他们总是重复一两步同样的动作，例如，将玩具车排成一串。因为他们不能规划更加复杂的动作序列，也不能与他人建立更加个人化的关系。

共同解决问题

孩子在 2 岁左右时，就能发起某种行动，朝着某个目标迈进，以获得自己想要的东西。在这个阶段，孩子咿咿呀呀的话语，加上各种动作和手势，都能进一步表达自己的愿望。这表明他们具备了运动规划和排序能力以及视觉 - 空间能力。

我们通过下面的故事来看看，在一家食品杂货店里，一个孩子如何应用上述能力。

珍妮的故事

妈妈推着一辆推车，和 16 个月大的珍妮在超市的果蔬区走着。珍妮高高地坐在推车的婴儿专座上，热切地看着妈妈选择果蔬。珍妮看到了香蕉，她指着香蕉的方向使劲地拉了拉妈妈的手，嘴里还嘟哝着“叭叭”。妈妈微笑着点点头，问道：“珍妮，我们要买香蕉吗？”然后，妈妈拿起一串香蕉说：“这些怎么样？”妈妈把香蕉放在离女儿非常近的地方，这样珍妮就能摸到香蕉。珍妮非常兴奋，因为她用自己的行动解决了问题。

妈妈与珍妮之间的多步骤交流以一种有序的、相关的而不是无关的或任意的方式表现出来，清楚地解决了珍妮想要香蕉这个问题。

这一情景揭示了反应的重要性。当你需要别人帮忙解决问题时，你要注意那个人的反应。不管你得到的反应是愉悦、惊讶还是恼怒，都会影响你下一步的计划。除非另一个人与你具有不同寻常的一致性，否则你总会不断地受到挑战，去寻找新的办法。为什么孩子和看护人一起玩弹跳游戏与孩子独自玩弹跳游戏，其活动质量截然不同？因为孩子独自玩时更有可能陷入重复性游戏。他没有必要在每次反应之后制订一个新的动作计划。

情感反应指导着有目的的行动。孩子与同伴之间的愉快联系激发了他对活动的兴趣，使他们参与游戏，一起解决问题。孩子通过与其他人的互动，提高了运动规划能力。

运动规划障碍的不同类型

孩子在任何时候都有可能产生运动规划障碍，因为他们的神经系统正在不断地发展得更加复杂，需要更加精细的协作和排序能力。例如，在10～12个月大时，孩子就会更加有组织地整合身体的左右两侧，前额叶皮层就是在这一阶段得到发展的。前额叶皮层的发展帮助协调大脑的左右半球：左半球控制身体的右侧，右半球控制身体的左侧。为了达到更高一级的运动规划能力和排序能力，大脑的两个半球需要共同协作。许多存在运动规划障碍和动作排序障碍的孩子在整合身体的左右两侧方面存在困难。运动能有效地刺激大脑以及左右半球之间的联系。

那些肌肉张力不足的孩子在早期发育中可能患有轻度脑麻痹或者其他不太明显的问题，需要加强肌肉的锻炼。

还有些孩子，当他们承受太多感觉时，其运动规划和排序问题会交杂在一起。他们的运动规划能力比较薄弱，所以既不能限制感觉输入的数量，也不能进行有效释放，这就使他们陷入了无助和焦虑的状态。

面对这些情况，如果我们想向专家求助，要把握的一条总原则是：只有当孩子存在的问题对生活的某一方面产生消极影响时，才需要去求助。咨询可以帮助你充分地了解问题的性质，让你得到专业的指导。一般情况下，以下训练就非常管用了。

提高运动规划与排序能力的练习

运动控制使运动规划成为可能。以下训练的主要目的是帮助孩子强化肌肉，并建立起强化肌肉和运动规划与排序能力之间的联系。无论何种训练，只有当孩子感兴趣时，才是有益的。如果你怀着极大的热情，你的孩子可能就会对这些训练喜爱有加。如果他不喜欢，那也没关系，再想些别的办法。下面描述的进化游戏可以对所有大肌群进行多方面的训练，具体包括协调、平衡、左右整合、提高张力和控制节奏等。

进化游戏是从简单的训练开始的，然后难度逐渐提高，直到达到复杂的训练为止。不管是简单训练还是复杂训练，都要既关注整体的训练过程，又关注每个具体的“进化”阶段。在每个训练阶段，通过对孩子能力水平的观察，你就会知道什么时候可以前进至下一个阶段或者开始难度更高的训练。你可以结合孩子的其他感官能力，特别是听觉，来增加训练的多样性和创造性。从本质上来说，你其实就是要设计出带有大量互动且复杂程度不断加大的运动。

进化游戏

蠕虫是位于生物进化最初级阶段的生物，它们所处的层级虽低，却具有高度的组织性。蠕虫是如何向前扭动的？它们没有双手和双脚，也没有双肘和脚趾，它们所拥有的就是一个长长的腹部。因此，你可以和孩子，一起扭动着、摇摆着、蠕动着、摇晃着一步步向前行进。

在游戏开始时，你和孩子要匍匐在地板上，像蠕虫一样扭动，来回摇摆，试着从一个地方移动到另一个地方。在移动时要特别强调动作的节奏性，你可以放一首特定的乐曲来使动作更有节奏。你要真正地去模仿蠕虫的动作模式，让你的躯干肌肉参与运动，这能很好地锻炼中枢肌肉的力量。反复练习这样的动作，直到孩子能够做得毫不费力为止。为加大训练的复杂性，你们可以试着进行同步扭动。首先，你们中的一个人定下扭动的节奏，然后另一个人根据这个节奏扭动。在扭动时试着保持连续的节奏。

下一步是模仿短吻鳄或者河口鳄。这时，你已经从扭动阶段进化到了用脚和肘部爬行的阶段，但是还没有到达手脚并用的阶段。如果孩子做这个动作时存在困难，你可以把双手放在他的两脚后，这样他就能蹬着你的双手，在地板上移动了。你可以在房间的另一端放一个孩子想要的东西，一旦孩子爬到目的地，就可以得到他想要的东西，以此来鼓励孩子，促进他产生一些积极情感。

这些训练也能强化孩子的思维能力。起初，你的目的就是想让孩子参与进来。如果孩子的表达能力很好，你们不妨一起编个故事。问问孩子，他想当短吻鳄还是河口鳄？河口鳄的名字来历和性情是怎样的？为什么河口鳄需要穿过房间？游戏之后，你可以找出孩子在游戏中喜欢的地方或者不喜欢的地方。这会促进孩子的反思性思维能力。如果你的孩子虽然肌肉张力不足，但已经达到了高级思维层次，那么你和他的对话可以更深入一些，比如问问他为什么喜欢这个游戏，或者让孩子将这一游戏与其他游戏相比较，你还能借此了解孩子的灰色地带思维能力如何。

接下来的训练是模仿四足动物。你和孩子可以模仿狗、猫、老鼠、马，不管是什么，只要孩子喜欢就行。爬行游戏需要使用身体的不同部位，这不仅能锻炼孩子的核心肌群、下腹部和双肩，还能帮助他协调手臂和双腿的运动。一旦你的孩子能做到向前爬行，你就可以让他练习向左、向右、向后、斜着或者越过物体爬行。试着先让身体的一侧整体前移，要注意手臂和腿一起移动，然后再移动身体的另一侧。如此交替进行，反复练习。另外，还可以练习越过障碍物爬行，这能同时练习协调和平衡能力。你也可以用音乐为你的运动设定节奏或者时限，当音乐停止时，将一只手臂向前举起，或是将一条腿向后、向上用力伸直，做出骡子踢腿状。

当你的孩子学会爬了之后，你可以用这些新学的动作编个游戏。当你爬行时，喊出一个具体的动作，并要保持这个动作几秒，如“1、2、3，停”，然后继续做下面的动作，喊“1、2，摇”，然后再加入音乐节拍。因为需要报数或者做出某个具体的动作，孩子就要在游戏中改变原来的运动规划，做出相应的调整。不同的动物能启发孩子做出不同的动作，如蛙跳或者兔子跳。如果你的孩子在这个过程中看起来非常吃力，没有成就感，你要助他一臂之力。

最后，在掌握了爬行能力之后，你们就可以逐渐直立，像人类、狐猴、长臂猿等一样开始行走，最终能够自由自在地倒退、横行、转圈走。记住，要灵活地调节活动的强度和速度，从简单到复杂。为孩子创造一切简单而有趣的游戏，如越过障碍或者寻宝，在这些游戏中，你可以使孩子站着完成的动作量逐渐增加。

随着训练速度的逐渐加快，最终会从走发展到跑，你可以和孩子玩速度调节游戏：快跑、以中速慢跑、慢走、极慢走，然后添加不同方向上的变化，也可以加入其他动物的运动，如学袋鼠跳跃等。

在室外活动的话，你们可以利用报数玩假装的轮流抛球游戏。你和孩子在院子里并排站好，但要隔开一段距离，你拿着一个想象的球，喊着“1、2，左勾拳”，当孩子跑的时候，你假装把球抛出去，孩子假装接住了球。然后，轮到他了。他说“1、2、3、4，跳”，当你跳起来的时候，他将假想的球抛向你。你可以根据想象，把游戏无限地玩下去。

在进行类似的训练活动时，也要注意休息。你可以因此而转移一下训练重点，协调身体的其他部位，例如，敲打双膝，然后敲打脚趾。当你敲打双膝的时候，让孩子通过拍手来设定敲打的节奏，然后你们再进行交换，或者你们可以有节奏地跟着音乐一起拍巴掌。你还可以将这些练习与声音调节游戏结合起来，如高声说话、高声歌唱、低声说话、低声歌唱、超低声说话、超低声歌唱等。你可以创造各种游戏组合。

现在，既然孩子已经竭尽全力攀登到了“进化阶梯”的最顶端，你就可以将跑步、跳高、单脚跳、跳跃、走路、爬行以及滑行等不同运动加入游戏中。现在他可以将提升的力量、协调能力和运动规划融入他渴望已久的运动中了，比如跳舞、踢球、体操、骑马、骑车等。首先，从最基本的层次开始进行活动或者运动，以便让孩子获得一种控制感。然后，再逐步转向更加复杂的运动步骤，以便让他继续感受新的运动规划和排序能力所带来的成就感。

训练计时、平衡、协调能力的补充练习

就运动规划和排序能力而言，良好的节奏和恰当的计时至关重要，所以根据音乐节奏而进行的任何形式的舞蹈、行进、歌唱或者移动等练习对孩子来说都大有裨益。在这里，我想介绍的另一种方法是利用活动节拍器（Interactive Metronome），该程序由计算机设计，其目的是提高孩子的节奏感和计时能力。具体做法是：孩子通过耳机听节拍，并根据节拍做一系列动作，动作的复杂程度会逐渐加大。孩子能不断得到自己与节拍的接近程度的反馈信息，并随时调整动作来改善自己的计时和协调能力。

提高平衡能力和协调能力能使大脑和思想密切配合，协调工作。有很多活动可以锻炼这种能力，比如跑步，在蹦床上跳跃（先双腿跳，然后发展到单腿跳），投掷、抓、踢等感知运动，在低平衡木上进行训练，在一些比较特殊的板子上或其他不稳定的物体如软垫上站立，骑自行车，跳绳，等等。

蒙住眼睛或者闭上双眼，不使用视觉而保持身体平衡能改善小脑功能，对训练运动规划和排序能力来说非常重要。闭上眼睛的时候，我们主要依赖来自身体感受的反馈。要在闭着眼睛的情况下保持身体平衡，我们主要依靠双脚对地板的感觉；闭着眼睛走路、蹦跳等，依赖的是平衡、协调能力以及对空间的感知。这些都是很好的练习，我们可以将这些练习编进孩子的游戏中，玩的时候和孩子轮流指导对方。

很多有运动规划和排序障碍的孩子在协调身体的左右侧时存在困难。能够帮助他们改善这一情况的运动有踢球、投球、接球等。你可以双手向上拍气球（先用一只手拍，然后换另一只手拍），不让气球着地，或者双脚轮换着踢球。你也可以吹泡泡，并试着抓住泡泡，或者双手轮换着打泡泡。记住，要选择那些让孩子感到有趣并容易掌握的活动，并交替使用双手或双

脚，协调身体的左右侧，将视觉和动作结合起来。当孩子在大多数情况下都能成功时，就要提高训练速度，进行更快速、同步的视觉 - 动作和听觉 - 动作技能的训练以及左右侧整合与左右侧平衡的训练。

当你训练孩子这三方面的能力，即平衡和协调、节奏和计时、协调左右侧的能力时，你就使他的整个运动系统的能力得到了强化。你要每天训练他几次，将训练活动编进想象游戏中。

整合各种感觉

一旦你的孩子掌握了基本的动作训练，你就要把不同的感官输入也结合进来。就整合运动动作和听觉信号来说，“跟着西蒙说的做”（Simon Says）这个游戏就是一个非常不错的训练方法。“举双手，触摸双膝；西蒙说触摸双耳，触摸双肩；西蒙说爬过隧道。”这样的游戏有点像做健美操，它能将所有的感觉结合起来。在结合不同感觉的过程中，大脑的各部分需要共同协作。

至于视觉 - 空间和运动动作的结合，因为视觉提示会促进动作，你可以使用卡片，在卡片上标明各种指令。或者让孩子从拼字游戏（Scrabble）卡中挑选一张，并在地板上走出卡片上的字母形状，例如，在走“L”时，要从顶端开始，先往前走两步，然后再往左走两步。随着孩子阅读能力的提高，你可以对他使用书面要求，因为书面要求既有助于训练他的粗大动作，也能帮助他训练精细动作。

你甚至可以给孩子提供不同气味的物体，比如玫瑰、肥皂等，让他将嗅觉与运动动作结合起来，你可以要求他说明某一气味是什么物体发出的，并让他用身体的形状表示出来。孩子的创造力会让你大为吃惊！

无聊还是感到困难

当孩子说“我感到很无聊”时，这可能不同于我们成年人所认为的那种百无聊赖之感，它可能意味着孩子感到活动要求很高，太有挑战性了。当孩子这么说的时候，家长要引起足够的重视。通常，对孩子来说，有趣的事也就是容易的事情，他们不喜欢做困难的事。所以你要调整活动的难度，至少要保证孩子有 70% 的成功率，这样他才想参与活动，才能把活动与对活动的掌控以及成功的良好感觉联系在一起。有时孩子说他烦了，可能意味着对他来说，活动难度太大了。当然，如果有些活动太容易，孩子也会很快感到厌烦。

孩子的心智还不够成熟，不能对有挑战性的活动进行反思，因此不能指望他说：“为了向前迈一步，我得咬咬牙挺过去。”当孩子长到十几岁时，才会表现出顽强的毅力和坚定的态度，而在他年龄还小的时候，就需要对他多加鼓励。

培养精细动作能力

锻炼粗大动作的指导原则也适用于提高模仿造型、画画、编辑文字等精细动作能力。记住，要从简单的活动开始，时刻把孩子的兴趣记在心里，表示出你对他的情感支持，创造训练的节奏性。有时候，即使孩子能捡起东西了，但是距离掌握精细动作技能，如握住蜡笔、铅笔等，还需要一段时间。精细动作能力的练习开始得越早越好，但是不能超过孩子的能力范围。

当孩子能握住一支大蜡笔涂画，并因此而感到满足时，就可以开始培养他写字和画画的精细动作能力了。孩子可能会经常露出满意的表情：“我的手能握住东西，我能用这个东西制造一些有趣、好玩的事情。”

一旦你的孩子喜欢上信手涂鸦，你便可以画些孩子熟悉的事物，和他一起玩模仿游戏。开始要画得简单、随意一些，使之生动有趣。然后让孩子照着这些图形去画。比如，先画一个大大的圆圈，占满整个页面。如果孩子喜欢，你就可以给这个大圆圈添上几笔，画成一张脸，问问孩子可以在哪里画眼睛、嘴巴和鼻子。但是如果孩子看上去想伸手乱抓乱摸，你可以握着他的小手试着画一个圈。或者你可以画一个大大的正方形的框，让孩子给方框添加窗子和门，使方框变成房子。如果你作为观众对他的杰作表示出赞赏之情，他会从心底感到高兴的。

一旦孩子对这个阶段的训练表现得游刃有余，并具备了一定的控制能力，你就可以继续前进，转向听觉或视觉与精细动作结合的活动了。在这些活动中，孩子要按照文字指令，模仿某些形象。与粗大动作训练中的活动一样，“跟着西蒙说的做”的画图游戏就是一个很好的方法，例如，“西蒙说画一个正方形，画一个长方形……”另一项活动是先让孩子看一幅画，然后把画拿走，看看他能否根据记忆画出来。完成之后，你可以选择一幅更加复杂的画，试着再让他画。在这个过程中，孩子可能会向你提出建议，让你改进活动。

如果你的孩子认识字母，你可以让他用橡皮泥捏出字母的形状。一旦他会捏了，就让他闭上眼睛摸一摸字母，猜猜摸到的是哪个字母，然后试着把摸到的字母画出来。如果他在摸过字母形状之后很难猜出来，你可以握着他的手指，让他感受一下字母区别明显的部位。下面以“B”为例略做说明：“现在你摸到的是一条直线，在直线的底部有一个圆弧，在底部的圆弧上面还有另一个圆弧。”

最后，我想再强调一下，这些活动的目的就是在能够吸引孩子兴趣的基础上，确保游戏能提供足够的机会，提高孩子的想象力和创造力。

测一测，你的孩子能组织自己的行动吗？

1. 你的孩子在运动方面表现如何？他____

A. 非常懒散，肌肉张力不足，不想进行任何运动

B. 有点懒散，但是能试着跑跑，玩简单的游戏

C. 动作虽然协调但不是很流畅

D. 很愿意运动或跳舞，行动起来很协调，很优雅

2. 当你的孩子学习新的运动时，能跟上指令吗？他____

A. 给他指令，让他按照某种具体的方式移动身体时，他完全不知所措

B. 开始的几个步骤能跟上，但是跟不上整个过程的步骤

C. 能跟上指令，但是不能保证动作做得到位，需要练习

D. 能轻松地跟上指令，新动作也学得很快

3. 你的孩子的精细动作控制能力如何？比如在书写方面，他的书写____

A. 一片狼藉，控制钢笔或铅笔有困难

B. 有点乱，因为他握不住笔，特别是想写得快一点的时候

C. 非常整洁，但是写得很慢

D. 干净整洁，即使写得快也能保持整洁

10

执行力是如何炼成的

在第 9 章，你和孩子共同努力，积极训练身体的协调能力、平衡能力、有节奏性的运动以及精细动作等，所有这一切都是运动规划和排序的生理基础。在这些身体运动的基础上，我们更多地关注对思想的规划和排序，因为指导运动的是思想的规划和排序，而不是运动本身。

玩耍和学习的全过程都与规划和排序息息相关。在进行任何活动项目时，我们都要先在头脑中形成一个行动计划，也就是按照一定的次序执行并达到预期结果的一系列步骤。随着孩子年龄的增长，规划和排序能力有力地指导着他们的学习：为测验做准备、完成各科家庭作业、组织并撰写长篇作文等。尽管与运动有关的规划问题显而易见，造成的结果有目共睹，但在高级思维层次上表现出来的问题却并不明显，它们都具有一定的隐蔽性，所以经常被错误判断或者被误贴标签。

规划和排序的高级层次

对行动和思想进行排序

孩子第一次运用复杂词汇来表达自己的需要和思想是在 3 ～ 4 岁。一个 2 岁的孩子可能也会用蜡笔涂画，但是这与思想还相去甚远。如果孩子画了一个圈，在里面点上点，使它看上去有点像一张脸，并且说："我画的是妈妈。"那就代表孩子开始创造有意义的思想了。

吉尔的故事

吉尔是一个 3 岁的小女孩。她正在玩具屋里收拾厨房，爸爸在一边给她帮忙。她说："爸爸，我的厨房里需要一只炉子。"

"那你的娃娃准备做饭吗？"爸爸问吉尔。

"是啊，准备做饭。"

爸爸很好奇："那准备做什么呢？"

"我还没想好呢，"吉尔回答说，"我们还需要一张桌子。"吉尔往四周看了看，找到了一块长方形的板子当桌子，一块正方形的板子当炉子。

爸爸说："我听到你的一个娃娃在闹腾呢，你认为娃娃们饿了吗？"

"我去看看。"吉尔跑过去，把娃娃抱出来。当然了，娃娃饿了。"吃煎饼，"她说，"他们的妈妈会烙煎饼，因为娃娃喜欢吃煎饼。"

在上面的游戏中，我们看到了吉尔的一系列动作：选择家具，组织晚餐。这些动作都是由与厨房相关的一系列想法主导的。

作为陪伴孩子度过地板时光的人，吉尔的爸爸表现得相当不错。爸爸继续挑战吉尔，加大游戏扮演的力度。爸爸看到吉尔在桌子旁边“喂”娃娃，于是问：“你认为娃娃吃饱了吗？”吉尔认为娃娃还没有饱。于是，爸爸就学着娃娃的声音说:“我还饿呢。”吉尔拿起旁边的一个苹果，放到娃娃嘴边，这是两个连续的动作。然后又听到“娃娃”说：“我不想吃苹果，我想吃别的东西。”吉尔把苹果放下，拿起一个甜饼，喂给了娃娃。现在活动中出现了三个连续动作，也就是三个想法所支配的三个动作。

在上述游戏中，孩子逐渐地从一个步骤的活动发展到连续多个步骤的活动。想法越复杂，行动就越复杂。孩子创造思想的能力越强，其行动就越有组织性。

符合逻辑的规划和排序

在逻辑思维层次中，你的孩子会产生许多想法，与想法有关的行动也会更具有逻辑联系。

吉尔的故事

吉尔正在装修她的玩具屋，爸爸对此很感兴趣。“娃娃在哪里睡觉呢？”爸爸好奇地问。

“她和我一样，想在楼上睡。”吉尔说。

爸爸表现出一副困惑的模样，说：“你的玩具屋不是多层的，它没有楼上啊。”吉尔灵机一动，产生了一个建筑计划。他们找到了一个矮凳作为“二楼”，还用靠着凳子的一叠纸做楼梯。一切就绪，吉尔决定把娃娃放到床上。她一爬上床，“娃娃”就说：“我想去洗手间，洗手间在哪里呢？”

“在楼下呢。”吉尔回答说。

“可我等不及去楼下了，我现在就想去。”爸爸说。于是，吉尔和爸爸便开始动手在楼上搭建了一个洗手间。渐渐地，房子的各部分都符合逻辑地搭建起来了。吉尔被爸爸的好奇心所激励，对自己做出规划并亲手搭建的玩具屋感到非常自豪。虽然是爸爸的问题拓展了吉尔游戏活动的空间，但是最后做出决定的还是吉尔自己。

当孩子开始为家庭成员或朋友画简笔画时，我们也能从中看到符合逻辑的动作序列的发展，主要表现在由多个部分组成的人物形象会逐渐增加上。同时，孩子还学会了认字母、辨数字、以一种有意义的方式对各种形状进行排序。这些技能关系到将各种想法有逻辑地结合起来，以指导精细动作。

当孩子在运用字母、数字或者图画方面存在困难时，一定要对他有耐心。孩子做某件事情越困难，就越需要获得最初的成功，你就要越有耐心，把练习设计得更加妙趣横生。

你也可以围绕日常生活中发生的各种事件与孩子进行简单对话，以便给他的规划和排序训练增加些生动具体的内容。例如，一个小女孩刚从公园回来，妈妈便对很多事情产生了好奇：“你还想再回公园玩吗？为什么？你想带朋友去吗？如果想的话，会带谁呢？明天还想再去公园玩吗？”妈妈提出这些问题，让孩子说出自己的想法。小女孩为第二天的活动做出了行动计划，部分原因是妈妈在问她，部分原因则是她在公园里玩得兴致勃勃，所以被吸引着参与了对话。在为去公园准备午餐时，她要在更大的范围内进行逻辑规划和排序。她帮助妈妈拿袋子，找到一盒果汁做花生酱饼干。她根据自己的想法，规划自己想要的东西，她的眼睛、耳朵、双手等都在按照逻辑顺序执行自己的计划。打包午餐时，她和妈妈讨论了圆形的苹果、长方形的果汁盒、三角形的三明治等。小女孩很可能因为这番讨论而毫不费力地记住这一切，而根本不需要通过那些重复性的、缺乏表现力的卡片去了解。

到了上幼儿园的年龄，孩子就能参加比较复杂的游戏和活动了。他们特别喜欢能自己制定规则或者和你一起制定规则的游戏。一旦孩子自己制定规则，他就很容易遵守已经规划好的行动序列，并怀着满腔热情投入游戏。

比如踢足球。除非孩子的空间能力非常好，否则，他会感到在偌大的足球场上，许多孩子跑来跑去地踢球非常混乱无序。你可以在比赛开始前，先让孩子踢 4 次试试，先让他试着把球踢进球门，然后你再踢 4 次。之后，你们再添加规则：在孩子将球踢进球门前，你们两个来回传球 3 次。从小事做起，将高层次的成功建立在这些看似琐碎的小事上，与孩子共同制定更多的规则，然后遵守这些规则。随着孩子各项能力的提高，再逐渐添加更多的规则，召集更多的人参与活动。这样一来，在下一个思维层次上，你的孩子就能够理解正式的比赛规则了。在正式的比赛中，孩子就能学会从选择中吸取经验教训。

规划和排序中的选择

当孩子开始规划并给思维层次进行排序时（一般是在 4 ～ 6 岁），他们就开始意识到，要在玩具屋中建洗澡间，有很多地方可以选择，他可以选择离卧室近一点的地方，对孩子来说，意识到这一点是一个巨大的进步，因为现在他能理解做某事有许多不同的方法，他拥有多种选择。有了这样的理解能力，随着规划能力和排序能力的不断提高，孩子就能体会到自由选择的感觉。

哈利的故事

哈利正在学习打垒球。他知道，如果他在垒位，击球手打出了一个弹出式的球的话，他可能要等着跑到下一个垒位。否则，他应该在球被击中时立刻跑动起来。他还知道，如果他在击球，他就可以用力挥杆击球或者选择不挥杆。不久之后，当别人问他的时候，他就能解释为什么不同的行动可以产生不同的结果了。各种想法涌进他的头脑，在行动上给了他更多的选择、更大的灵活性以及更强的创造力。哈利在给想法和行动进行排序方面取得的进步，提高了他的逻辑思维能力。

如果随着游戏或活动的复杂化，孩子跟不上了，那就要多方面地找原因。言语排序能力较强的孩子也许能理解规则，但是如果视觉－空间排序能力较弱，孩子就会不知所措。或者孩子的情况可能正相反，虽然能很好地设想并组织自己所在的空间，却不容易记住规则的顺序。不管出现什么问题，都要从简单的练习开始。如果孩子对变化的空间背景很难适应，那就在一个特定的区域练习，从简单的球类游戏开始，然后逐渐加大游戏的复杂度。

如果年龄大一点的孩子在做家庭作业方面存在困难，那可以先让他参与他感兴趣的游戏或活动，这样他会从中受到鼓励。

比较思维和灰色地带思维下的规划和排序

具备比较思维和灰色地带思维能力也有助于孩子进行更多的规划和排序练习。现在，如果孩子能够根据大小来搭积木、理解数字概念（能比较多和少）和一一对应关系（能将数字与实物数量联系在一起），他就能运用相对概念进行思考。他会逐渐把玩具车移远一点，然后按照不同的距离来设定比赛规则。他能理解时间和速度的概念，会缓慢或快速地移动小车，这些行动都需要对数量和物理空间有精细的理解。

对于那些涉及比较的规划和排序训练，你可以和孩子一起编一个简单的动作故事，然后用简笔画将故事画下来。你们可以交替来画，你先画一幅简笔画，然后孩子再画下一幅。可以让孩子画他认为容易的那部分，你画相对难的那部分。比如画出下面这个故事。第一幅：两个女孩在穿越一片田地；第二幅：女孩看到了一头气势汹汹的公牛；第三幅：两个女孩拔腿就跑，公牛在后面狂追女孩；第四幅：两个女孩跑得很快，但是公牛追得更快。她们能成功地摆脱公牛的追赶吗？第五幅：眼看公牛就要追上女孩了，两个女孩跳过了一道篱笆。构思这个简单的故事既包含规划思想、排列生动的情节，又能体会距离和速度的相对感，还充满了与动作相联系的逻辑图画。

为了帮助孩子训练，你还可以改变游戏的动作、速度或者方向。游戏活动可以是打快速垒球、慢速垒球、超慢速垒球，或者将球打得较高或者较低，也可以通过讨论来决定什么时候将球投到一垒，什么时候投到二垒。

这种游戏活动对区分行为动作来说非常重要，因为孩子要了解某些活动的难易程度及其所要付出的不同程度的努力，就要先学会区分这些基本动作。能做出细微的比较，并做出相应的行动，孩子就能更好地理解朋友什么时候是在跟他闹着玩，什么时候是在一本正经地与他比赛摔跤，因为朋友输了比赛会很生气。理解差别能让孩子做出正确的判断，并有效地组织各种反应。最终这些能力会帮助孩子圆满地完成一场辩论或者读书汇报。

反思性思维下的规划和排序

在反思性思维层次上，规划行动或者对想法进行排序是有某些内在标准作为依据的。当孩子为下一步行动做计划时，如果他能够对自己的行动做出判断，并进行反思，那么他也能反思自己的行动会对那些与他关系密切的人产生什么样的影响。这一点非常重要，因为他所具备的比较思维和灰色地带思维会产生种种分歧。

解决这些分歧的方式不是吵嚷地叫着“我是老板，我说了算”，而是依据自己的价值观进行反思。要解决问题需要对自己和他人的观点有所了解，制订一个合理的行动计划。比如在对规则进行讨价还价时，裁判员说：“三振出局，你出局了。”击球手则说：“但是那不是真的挥击啊！”规则也有各种不同的解释，孩子会意识到自己要么遵守规则，要么试着在游戏结构范围内改变规则。后一种做法通常会在开始时引起争吵。解决争端要求孩子对备选方案进行反思，理解双方的观点，然后才能提出合理的解决办法。

不管是设计电子游戏、构建模型、写作文还是编故事，都需要进行自我反思。作者或者设计者要提前规划好各个组成要素，对它们进行反思，之后还要评价自己的成果。在写作方面，具有反思性思维的孩子能够利用图解法表示出逻辑论证的各个要素，然后对它们证明事实的有力程度做出有效评价。

执行能力

规划能力和排序能力被称作执行能力，是较高级的思维能力不可或缺的组成部分。在解决复杂问题方面，执行能力所起的作用有以下 4 个：

- 通过感觉吸收信息；
- 对信息进行加工处理；
- 利用规划和排序对环境中隐含的挑战做出大致的回应；
- 规范地执行行动。

成功需要各项功能完善的根基和支干体系的共同配合。

在人类的各项行为能力中，执行能力是最难掌握的，也是许多人所缺少的。缺少这一能力的原因目前尚不清楚，可能的因素包括：环境中可能存在某种毒素，这种毒素会让大脑排序更加困难；我们所生活的世界日益复杂，缺乏那些能让我们以符合逻辑的方式学会做出计划、采取行动的各种经历。

有些研究人员提出，孩子玩耍方式的改变也是一个不小的影响因素。自由游戏，特别是玩假装游戏，能让孩子练习执行能力的各个组成要素，这是课外班和电子游戏等无法提供的。在假装游戏中，孩子会练习调节自己的情感、愿望以及行为。研究表明，在当代儿童身上，这项调节能力正在逐渐降低。

上述问题是通过两个著名的实验提出来的。首先是棉花糖实验。这项实验由心理学家沃尔特·米歇尔（Walter Mischel）[①] 设计。实验的内容是用棉花糖来诱惑孩子。实验的基本情况是：一个孩子坐在桌旁，桌上放着棉花糖。一个成年人告诉孩子，她要离开房间几分钟。如果孩子能等到她回来再吃糖的话，他就会得到双份的糖。有些孩子忍住了，等到大人回来后再吃

① 棉花糖实验设计者、自控力之父沃尔特·米歇尔的唯一著作《棉花糖实验》详细阐述了实验的来龙去脉，本书中文简体字版已由湛庐引进并策划、北京联合出版公司 2016 年出版。——编者注

糖，但更多的孩子没有忍住，大人一离开，他们就抓起糖来吃。后续研究表明，等到这些孩子长到青少年阶段，当初那些忍住不吃糖的孩子在 SAT 测试中得分较高。总的来说，不管是在学校还是在家里，他们都没有什么行为方面的障碍。

第二个实验最初是在近一个世纪前进行的。在实验中，要求 3 岁、5 岁、7 岁的孩子一动不动地站好。3 岁的孩子根本无法做到；5 岁的孩子努力去站好，大约能坚持 3 分钟；7 岁的孩子站得就像一尊雕像。几十年后重复这个实验时发现，3 岁的孩子还是不能站好；5 岁的孩子不比 3 岁的孩子好多少；7 岁的孩子能静静地站 3 分钟，就像以前 5 岁孩子的表现一样。

许多孩子和成年人，甚至是成功人士，都在执行能力方面存在问题。比如，我们容易被很多任务搞得晕头转向，会忘记做很多事情；虽然列出清单，但是接着就忘了去查阅清单；在谈话中离题万里，因为不能给自己的想法进行有效的排序。这在孩子身上则表现为忘记交作业等，他们无法以一种组织有序的、富有成效的方式学习。

总的来说，帮助孩子发展执行能力的原则与我们训练规划和排序能力的原则基本相似。我们让孩子参加他们感兴趣的活动，他们就能满腔热情地投入。至于活动方式则可以灵活多样，可以是看一出戏、一次野营旅行、一次寻宝活动，等等。在活动中，我们逐渐在行动序列或思想序列中添加更多的步骤，尽可能地帮助他们整合视觉、听觉、触觉、嗅觉等各种感觉。

不管是在行动方面还是在思想方面，上述训练步骤不仅能帮助孩子克服学习和注意力方面的问题，而且能帮助他们最大限度地发挥潜能。

11
做感觉的主人

有一类孩子可能耳根子太软，很容易被暗示左右，另一类孩子则可能固执倔强，软硬不吃。孩子对听觉、视觉、触觉、嗅觉、味觉等不同感觉的反应也可能大相径庭。至于在学习方面如何调节自己的反应，很多孩子需要帮助。

20 世纪中期，西比尔·埃斯卡洛纳（Sybille Escalona）和洛伊丝·墨菲（Lois Murphy）描述了婴儿的神经系统对不同感觉的不同反应方式。后来，心理学家兼职业理疗师琼·艾尔斯（Jean Ayres）在一组存在学习问题的孩子身上发现，他们存在着感觉差异。这一发现产生了一个术语“感觉整合困难”（sensory integration difficulties）。由此开始，从事儿童感觉差异研究的职业理疗师们对此提出了很多应对策略。

在第 8 章到第 10 章，我们讨论了如何提高儿童的听觉处理能力、运动能力以及规划和排序能力。而本章要讨论的感觉整合方法则是帮助孩子调节各种感官反应。

成年人也会受到感官输入的影响，只要你看看自己在敏感标度上处于什么层次，就会对自己受感官输入的影响程度大小有大致的了解了。例如，你可能不喜欢聚会上或饭店里的谈笑声、劲爆的音乐等喧哗声，你最喜欢的符号可能是“出口”。或者你可能属于喜欢将“音量放大”的那类人：在摇滚音乐会或足球赛场上，你觉得靠舞台或球场再近都不过分，待的时间再长都不过瘾，或者欢呼声再大都不够尽兴，总之，你觉得声音越大越好。或者你不喜欢被轻轻地触碰，比如，如果有人未经你的允许轻拍你的肩膀，你就会感到这是极大的冒犯和攻击。或者你可能身材高大，体格健壮，喜欢拥抱和摔跤。而对有些人来说，你就具有相当强的攻击性，实际上，你只是渴望更多的接触而已。

这些不同类型的感觉差异很容易令人产生错误的印象。如果你对一个人说话，他没有任何反应，你可能感觉受到了冷落。事实上，那个人只是对声音反应不敏感，没有听到你说话，也许你说话声音大一点就把问题解决了。孩子经常会遇到这样的问题，但是他们还不够成熟，通常没有相应的策略来处理这些问题。

在第 6 章中，我们讨论了注意力不集中的问题。我们指出，有些孩子反应过度，有些孩子反应不足，本章将对这些描述进行扩展，并给出相应策略，以帮助那些孩子处理他们遇到的具体的神经系统问题。

感觉差异是如何影响学习的

我们先来看看那些反应过度的孩子的情况。这些孩子经常会被神经系统的各种感觉，如视觉、触觉、听觉、嗅觉、味觉甚至对自己的运动模式的感知即他们对身体的空间感等弄得不知所措。使他们敏感的事物很多，范围非常广泛，最常见的有轻轻碰触、大声喧哗、明亮的灯光、摆动太快的秋千等。

这些孩子可能对所有这些事物都反应过度，也可能只对其中一种反应过度。

正如我们在第 6 章中讨论的那样，孩子可能会感到白纸黑字的印刷制品是一种过重的负担，并因此而感到阅读困难。对这些孩子来说，这可能只是个开始。教室里明亮的灯光或者室外强烈的阳光也可能让他们不堪重负，让他们无法将精力集中在课堂学习上。而那些对声音反应过度、受不了教室的喧闹声的孩子也有同样的困扰。这些孩子可能会因为恐慌而做出一些不恰当的事或者很幼稚的事。

反应不足的孩子则截然相反。当有人给他发出指令或者与他聊天时，声音可能要达到一个高阈值才能引起他的注意。如果你轻轻碰他一下，他可能没有任何反应。只有当你紧紧抓住他的时候他才有反应。荡秋千时，反应不足的孩子可能需要别人用力猛推秋千，他才会喜欢并享受到荡秋千的乐趣。这些孩子需要强烈的刺激。他们需要有人刻意吸引他们的注意力。

还有一类孩子，他们的特点是寻求或者渴望感觉刺激。这可能是上述两种类型的孩子所共有的特点。有些反应不足的孩子试图通过寻求感觉刺激来对抗他们本身的风格。有些孩子则寻求不同的感觉刺激来增加能量，所以容易表现得冲动、好斗。情绪变化快的孩子经常表现为反应过度与寻找感觉刺激。

那些喜欢寻求感觉刺激的孩子很难在课堂上安静地坐着。他们需要不停地移动，如东奔西跑、做做游戏，只有投入到喧闹而充满活力的气氛中去，他们才能很好地调节自己。对这些孩子来说，课间休息或者上体育课非常重要。在学会保持冷静方面，他们需要更多的额外帮助。

上面我们谈到的这些孩子经常被笼统地划为一类，贴上存在“行为问题”的标签。如果能理解他们之间的差异，我们就能改变环境，教会孩子如何控制自己的行为。

确定孩子的感官属性

不同的感官对外界事物的反应各不相同，而且各种不同的感官组合在一起还有可能产生不同的反应，如反应不足、反应过度、稍微有点反应、反应剧烈、有几个触发点、只有一个触发点，等等。孩子对什么敏感，通常表现得并不是十分明显。你可以通过观察你的孩子对每种感觉的刺激反应如何，来获得一个总的印象。根据这些观察，你可以给孩子建立一个感觉档案。下面我们来系统地了解不同感觉的情况。

不管你的孩子是 3 岁的幼儿还是 7 岁的懵懂学童，你都可以为他的各种感觉快速地整理出一个详细的目录，包括那些不太明显的感觉。当一个三年级的小学生说老师喷洒的香水非常刺鼻时，家长就要特别注意了。回想一下，当你抱着孩子的时候，他曾经对妈妈身上的香水味或者爸爸使用的气味浓重的润肤露感到过不舒服吗？同样，午饭只“吃了几口难吃的青豆”就会让孩子整天都觉得没胃口吗？

在为孩子建立感觉档案时，先考虑下面列出的 5 种感觉及其有关的刺激：

- 触觉——紧紧按压、轻拍、衣服紧贴、拥抱、轻抚；
- 听觉——高声、低声、嘎吱声、尖叫声；
- 视觉——亮色调、低沉的色调、复杂的图案、笔直的线条；
- 味觉——酸、甜、刺激的味道、清淡的味道；
- 嗅觉——浓重的食物气味、香气、化学药品的气味。

此外还有本体觉和疼痛。本体觉系统会受到任何运动的影响，如摇摆、在空中晃动等。而疼痛，不管是一点擦伤还是皮肤破了一道大口子，都会让孩子感觉不舒服，甚至让他无法忍受。孩子对疼痛的反应也各不相同。

你的孩子对每种感觉的刺激反应如何？以下我们列出了 5 种反应程度：

- 确实很渴望这些感觉；
- 确实很讨厌这些感觉；
- 很烦，但是还能够坚持一小会儿；
- 不介意，除非持续时间太长；
- 不管是什么样的刺激都注意不到。

如果孩子喜欢洪亮的声音，那他可能是渴望听到洪亮声音时的那种感觉。如果你对他用单调或者柔和的声音说话，他就会厌烦，注意力不集中。在安静的环境中，他可能会弄出些动静，让自己保持活力，这在一些需要安静的场合就显得很不合适。讨厌吵闹声的孩子会受不了教室里吵吵嚷嚷的混乱场面，甚至讨厌课间休息时的情形。如果孩子忍无可忍，可能就会通过某种方式表现出来，结果却招致老师的不满和反对。

有些孩子虽然不喜欢吵闹，却能忍耐一阵子，但是最终还是会被激怒，这类孩子处于过渡期。他们能想办法控制使自己心烦的气氛，还会找机会弄明白自己的极限在哪儿，避免被过度刺激而感到不舒服。但是这需要练习，因为孩子面对这种情况很容易失去应对能力。

没有意识到这一点的孩子可能表现得最镇定。或者他可能被孤立了。重要的是，存在听觉处理问题的孩子可能也存在听觉过敏问题，而存在视觉处理问题的孩子也可能存在视觉过敏问题。如果是这样，你要确保使用孩子容易接受的声音或色调进行练习。

学会制衡

有些孩子在调节感官反应方面需要帮助，我们通常使用的方法是制衡。在第 4 章中，我们谈到蕾切尔时讨论过这一问题。蕾切尔明确表示拒绝吃土豆泥，爸爸要让她改变想法有两种选择：一种是对她发脾气，告诉她必须吃掉土豆泥；另一种是让她安静下来，开个玩笑哄哄她，让她吃点试试。聪明的爸爸选择了后者。他用开玩笑的语气抵消了蕾切尔的怒气，并吸引她试着吃土豆泥。爸爸用行动平衡了蕾切尔当时的情绪。对于这一章提到的孩子来说，让他们重新参与活动的办法就是平衡孩子的反应：让思想开小差的孩子活跃起来；让情绪激动的孩子安静下来。

还记得杰里米吗？在第 5 章里，他搭建了一个坚固的城堡并设置了激光屏障。那时，他已经表现出了相当强的组织能力。但是在他小的时候，他对某些声音反应过度，除此之外，他还渴望其他的感觉刺激：渴望更多的抚摸和运动，容易冲动。他的问题并不是单一的，而是多方面混合的，情况很棘手，他的父母都束手无策。我和杰里米做了一个游戏：先是跟着轻音乐的节拍行走、跳跃、跑步，然后每隔一个节拍行走、跳跃、跑步，最后跟着半拍行走、跳跃、跑步。游戏规则是我们共同制定的。有时候我们挥动手臂，然后举起双臂一动不动，有时候把双手背在身后，有时候蹲着往前跳。杰里米因此学会了各种方法调节自己的运动，也学会了在渴望感觉刺激的时候调节自己，让自己不要对某些声音反应失控。

感觉问题和思维阶段

注意世界和参与世界

对某些事情反应过度或者反应不足的孩子容易从一开始就无法保持冷静，或者无法与他人结成友好密切的关系。他们在注意世界和参与世界这两个思维层次就出现了问题。

对于反应不足的孩子，妈妈一定要发挥自己的能力去吸引他，以便孩子能够集中注意力，否则，他就会沉迷在自己的小天地里。对于这类孩子，我们需要确保自己的热情不会起到反作用。对于反应过度的孩子，妈妈可以用温和的语气、缓慢的行动来安抚他，让他平静下来，直到他能够集中注意力为止。然后，这些孩子就会知道融入世界是多么美好。

有时候，随着孩子年龄的增长，容易敏感的状况会自然而然地消失。但是如果孩子一直很敏感，那就会从过分挑剔、讲究的婴儿变成一个过分挑剔、讲究的幼儿，继而成为一个过分、挑剔讲究的学前儿童，如此发展下去。

对很多孩子来说，注意世界和参与世界都是自然而然的事情。但是对于一个过度敏感或者不够敏感的孩子来说，不管他们的敏感程度如何，注意世界和参与世界这两个层次都是非常重要的。当你与孩子玩耍、谈话或者交流时，不要忘记检查一下他能否平心静气地参与活动，能否控制自己的情绪和行为。

有效地互动和交流

能够平心静气地参与活动、注意力集中的孩子能对手势和表情做出积极的反应，而且能打出新的手势，露出新的表情，引发新的交流。而一个反应过度或者反应不足的孩子则很难与别人保持同步。这类孩子需要你来吸引他。你不仅要吸引他继续交流，而且还要保持好平衡。当一个反应过度的孩子忘乎所以的时候，爸爸可以通过降低自己的音量来进行制衡；而当一个反应不足的孩子恍恍惚惚地进入自己的小天地时，爸爸可以通过增强活力，让手势更具有动态性来进行制衡。对于那些生性敏感的孩子，这样的制衡方式赋予了他们一定的力量。孩子能感受到爸爸对他施加的影响。他意识到自己能够与爸爸互动，从而主动地制造一种平衡感，而不是成为自己感觉系统的牺牲品。

共同解决问题

在共同解决社交问题这一思维层次上，孩子以一种更加复杂的方式来运用自己的信号系统，更有目的地与他人交往。他懂得自己想要什么，懂得如何让你来帮助他。在这一阶段，反应不足、反应过度或者寻求感觉刺激的孩子均需要获得支持，他以一种有组织的方式寻求帮助，从而扩大自己的感觉世界。

那些小心翼翼、反应过度、只想安静地活动的孩子会慢慢地通过锻炼肌肉、让感官参与活动而让自己变得更加坚定、自信。起初可以让他从简单的事情做起，比如鼓励他去一趟图书馆。一旦去了图书馆，或者科学博物馆，一个对凡事无动于衷的孩子可能就会逐渐发生变化，成为一个积极的探索者。

对于那些毫无目的地东奔西跑的孩子，你可以帮助他协调好快慢速度，编几个运动游戏，要求他按照一定的方式来行动。你可以和孩子假装正在穿越厚厚的、黏糊糊的淤泥，慢慢地拔出腿，艰难地迈出一步，然后再拔出另一条腿往前迈出下一步。然后你们碰巧走上冰雪覆盖的地面，现在虽然能够健步如飞，但是在冰面上行走容易打滑，你们只好努力保持身体的平衡。如果孩子编出了自己的游戏，父母也可以按照他的游戏规则去做，这样他就会更加投入。

对于存在感觉障碍的孩子，在帮助他有目的地得到他需要的和想要的东西时，家长需要根据具体情况，帮助孩子保持冷静，调节他的状态或者给予他一定的刺激。如果他取得成功，则要进一步激励他。

用词汇和观点来表达感觉需要

孩子的表达能力越强，就越能控制自己的感觉环境。他可能会说："妈妈，那个声音太大了。"或者："爸爸，我们摔跤吧。"通过假装游戏，孩子可以探索自己情感上的喜好以及那些让他过度兴奋或无动于衷的情感。他的玩具或者动物可能会受到明亮灯光的惊吓，四处逃窜。孩子能用词汇和观点来表达自己的情感感觉和内心世界。他可以宣布自己的需要："我想跑步！"或者："我现在感到焦躁不安。"或者："事情太多了，我的脑子都混乱了。"有了这些信息，看护人就能够有效地帮助他进行制衡。

逻辑思维

当孩子开口讨论内心涌起的无法抗拒的情感时，这些情感就变得不那么强烈了。他们可以把幻想与现实进行比较，随着他们越来越深入地认识自己的内心世界，情感就不再是可怕的梦魇。换句话说，如果孩子能够公开讨论自己的内心情感，比如曾经害怕巨大的响声会把他压碎，或者如果他不动起来就会被巨大的声音突然炸个粉碎等，那他很可能已经不再惧怕巨大的声响了。

你可以创造一些游戏场景，让反应过度的孩子在场景中假装自己是怪物或者坏人，这能帮助他逐渐变得坚定自信，并让他感到轻松惬意。在安全的假装游戏中，加上家长的指导，孩子可以通过练习进一步拓展自己的感觉世界，从而完成制衡自己的感官反应这一艰巨任务，接下来他就能将制衡行为用于现实世界了。

高级思维层次上的感觉问题

我们朝着多因素思维、比较思维以及灰色地带思维的阶梯一步步攀爬。随着这一进程的逐渐深入，感觉调节过程甚至变得更加微妙。在这些高级的思维层次上，孩子能够描述哪些声音可怕、可怕的程度、一个可怕的声音如何与另一个可怕的声音相比较等。通过思考自己为什么更喜欢骑马而不喜欢打曲棍球或者阅读，孩子会尝试自己调整对感觉世界的控制。最后，当他能进行反思性思维时，他甚至能告诉你，由于昨天晚上没睡好，今天他比平时要敏感。他可能会说："今天我更紧张。"或者："今天我很难集中注意力。"然后他会有意识地采取正确的行动来调整这种状态。他可能会说："我今晚最好多睡一会儿。"或者："我需要听听音乐冷静下来。"

掌握感觉

我们的目标是让孩子成为感觉差异的主人，而不是被动接受这种差异。作为一个成年人，更要明白自己的喜好，这一点具有重大的意义。你要保证对自己喜欢的类型了如指掌：你喜欢的抚摸类型、音乐类型、聚会类型或者活动类型。只有了解这些，你才能控制自己的反应。对一个孩子来说，了解这些情况也会让他感到踏实、放心。实际上，一个小心谨慎的孩子可能会发现，只要自己不受到惊扰，并且能够掌控彼此之间的关系，那他就会喜欢与别的孩子保持联系。

职业理疗师研究出了大量的技术方法，以帮助孩子有效地调整他们的感觉系统。例如，对一个对轻触反应过度的孩子应用强压力；对那些对声音反应过度的孩子则用舒缓的抚慰性声音；对那些对光反应过度的孩子则用微暗、柔和的灯光等。黛安娜·刘易斯（Diane Lewis）是一位很有天赋的语言病理学家兼理疗师，她发现，使用弹性纤维秋千能促进某些反应过度的孩子的语言能力的发展，因为弹性纤维秋千能够调动孩子的触觉和本体觉。

反应不足的孩子需要感觉刺激，如给他们按摩、用充满活力的声音对他们讲话等。运动也能帮助他们有效地组织各个感觉系统，使他们意识到所处的环境状况。

渴望感觉刺激的孩子需要约束，也需要有人陪伴他进行有组织的行动。他需要尽量控制混乱不堪的状况。同时，他可能会整天想方设法地得到大量的触觉、听觉、运动方面的刺激。你可以让他知道，你明白他坐立不安、吵吵嚷嚷的愿望，但是要教会他，他确实可以在某些时候到处跑动，但也要在某些时候保持安静。

随着孩子语言表达能力的发展，帮助他们理解并描述自己的感受非常重要。“吵闹声给你什么感觉？是让你感到兴奋不已还是不堪重负或者忍无可忍？当你想四处走动而大家都非常安静，并且你也必须保持安静的时候，你有什么感觉？课间休息时，当你终于有机会四处走动时，你有什么感觉？”用语言来表达他们的情感和感受能帮助孩子控制自己的感觉系统。

如果你的孩子需要额外的帮助，最好找一位从事感觉系统研究工作的职业理疗师。

12
培养孩子的空间感

本章要阐述的视觉－空间处理过程和视觉－空间思维，是建立在哈里·瓦克斯的研究结论的基础上的。在 20 世纪中期，瓦克斯与瑞士心理学家皮亚杰一起从事儿童教育研究。瓦克斯和他的同事汉斯·弗思在他们的著作《上学之思索》一书中，将皮亚杰的理论发扬光大，拓展至视觉－空间思维，他们是这一研究的先驱。

视觉－空间信息处理能力如何工作

为了弄明白我们所看到的东西，并利用我们所看到的去思考、学习和解决问题，我们必须对视觉信息进行加工处理。利用视觉，我们认识到自己的身体是如何工作的，理解了自己的身体是如何与他人以及物理环境发生联系的，也认识了周围的环境。例如，我们走进一家图书馆，看到图书馆里整整齐齐地摆放着一排排书架，还看到，有些通道是空的，有些则挤满了读者，这是一个再寻常不过的情景。我们看到了图书馆的布局、我们在其中所处的位置、远远近近摆放的物体以及指示书架行列的各种标记等。我们把所有这一切都看在眼里，几乎在转瞬之间就决定了通过哪条路线到达我们要去的地点，是穿过拥挤的通道还是绕过人群走另一段距离较长的路。对大多数人来说，加工处理这些信息都是自动完成的。

如果我们在视觉－空间难度曲线上上升几个级别，如在球场上接住球，这个加工过程是连续的，也更加复杂。我们要利用视觉信息和经验做出实时判断。首先要跑到球场上，然后跑到合适的位置去接球。我们要在头脑中规划好各个维度，用眼睛跟随球的运动轨迹，并协调我们的双臂、双手、躯干、双脚和头部等各部位准备接球。通过练习，许多人能将这一动作做得利落到位。

然而，有些孩子就不能如此迅捷地加工处理这类信息。在图书馆，他们不能估计空间的大小，或者制定出去往想要到达的地方的线路图。他们不知道如何转动身体才能经过狭窄的地方。在球场上，他们不能在有限的时间里到达目的地，不知道该把手放在哪里才合适。他们非常困惑，感到混乱无序，因为他们不能在头脑中组织好空间，或者不能组织好自己的身体在空间中的运动情况。孩子想踢足球，但是如果对足球场、不断变换的球员和球的位置等没有形成心理空间概念，是无法进球的。

视觉－空间能力不仅关系到视觉能力，而且关系到运动规划和排序、听觉和触觉等各方面的能力。在这一章中，我们将论述各个能力维度是如何组合在一起的，以帮助孩子定义好空间，弄明白如何在这一空间范围内移动。还记得我们在第 1 章提过的安迪吗？他上楼找自己的鞋子时，由于对自己房间的空间感不好，在找了一个地方之后，看到了自己喜欢的玩具，就中途放弃了找鞋子这件事。安迪没有找到鞋子的原因是他确实不理解房间的空间特点。他没有意识到床底下还有空间。如果他趴下来伸出手臂去够的话，可能就会找到了，但是安迪没有这么做。

对那些不能轻易地对视觉 - 空间信息进行加工处理的孩子来说，他们需要的帮助是：

- 将视觉信息与空间中包含的一切物体进行匹配，其中包括空间范围内的物体的位置；
- 对将要进行的空间活动进行规划和排序，以达到目的；
- 为实施某一动作，去感受自己的身体和四肢在空间中应当放置的位置，如身体绕着中心轴旋转，或者右臂越过左侧去拿一个物体；
- 追踪移动的物体。

视觉 - 空间信息处理能力的不同发展阶段

对景象的注意

注意周围的世界是我们提高视觉 - 空间信息处理能力的第一步。新生儿会被面前晃动的面孔所吸引，当他听到妈妈或者爸爸的声音时，就会转头去寻找他们。很快，他看到了鼻子、嘴巴、耳朵、眼睛等一系列部位，这些部位构成了人的脸。从这时起，婴儿就开始发展思维能力，理解周围的世界。

在各个年龄段，观察都是至关重要的。好奇的孩子将一切尽收眼底，记住了各种各样的细节、模式和动作。如果在大自然中散步，展现在他们眼前的是五颜六色和形状千奇百怪的花朵、有奇妙纹理的树皮、带有轻盈翅膀的枫树种子。最容易吸引孩子注意的恐怕是各种动物，如相互追逐嬉戏的松鼠、嘴里咬着玩具戏耍的狗狗等。如果坐汽车外出旅行，观察事物、数数等也能让孩子摆脱无聊，例如，让孩子数一数在 10 分钟之内，能找到多少个红色的物体，看到多少只动物，跑过多少辆卡车。不管我们与孩子干什么，都可以让孩子告诉我们他发现了哪些有趣的事情。

但是，如果孩子受不了视觉刺激，那他就需要进行调节，然后才能在不超过他忍耐限度的情况下保持冷静。而对那些反应不足的孩子来说，狂欢的场面可能是他们最喜欢的。

即便是反应过度的孩子也喜欢将视觉与其他感觉结合在一起体验。美丽的花园可能恰好满足这样的需要。花园里充满了绚丽多彩的颜色、芬芳无比的气味，以及嗡嗡采蜜的小蜜蜂和翩翩飞舞的彩蝶。

互动和交流

将球踢来踢去的游戏或者捉人游戏都能提高孩子对视觉－空间世界的认识。因为在这些游戏中，事物的位置随着孩子相对位置的改变而改变，使孩子能真切地感受到自己与各种空间物体之间的关系。

即使面对的是一个还不会说话的孩子，你也可以举起一个玩具让他来抓："举高啦，下来啦，又高喽，变低啦，就在这里，就在那里，跑到我后面啦，转到我前面啦。"你将玩具的位置描述给他听，在孩子能够理解词汇之前，通过视觉和听觉，他已经体验到了玩具所处的各种不同位置。

在视觉－空间世界，双向交流能够帮助孩子意识到自己的身体在空间中的位置，还能帮助他意识到自己身体的位置与其他人、其他物体之间的关系。如果这些人和物体也是移动的，他就需要进行追踪、计划、移动并判断自己与它们之间的距离。在掌握秒和分钟的概念之前，孩子也能明白自己需要花费多长时间才能到达目的地。这样，孩子就形成了空间和时间的概念。

如果孩子在运动规划方面的问题不是很严重，他就能进行相关的训练，如前面我们描述过的进化游戏。为了让游戏更加生动有趣，可以给游戏设置奖励，比如玩具或者糖果。如果孩子存在严重的运动障碍，就要让他做些简单而必要的体力活动，如利用发音来练习运动。

解决视觉问题

一旦孩子想得到某件东西，并用词汇夹杂着手势请求你的帮助，就说明他已经学会了表达物体所处的空间位置的方法了。如果他喜欢的毛绒玩具不见了，他就会在房间里找，一心想找到它。这个特别的玩具就给空间赋予了具体的意义。在解决问题的层次上，孩子已经准备好将听到的空间词汇用于自己的寻找行动中了。

寻宝游戏就是为开发视觉 - 空间能力而设计的。这个游戏可以锻炼孩子解决问题的两种能力：一种是有意图的，另一种是无意图的。对孩子们来说，可能后者经验最多，他们经常无意识地弄丢一些特别的东西。但是，如果在有意图地解决问题方面有经验的话，会更好地帮助孩子成功地处理后者的情况。对一个年龄较小的孩子来说，你可以在他的注视下，将一个非常有趣的物体藏起来。例如，把亮闪闪的塑料星星很明显地“藏”在你的脚底下：“我把星星放在脚底下了，你能找到吗？”如果孩子能轻易地找到，那就继续玩游戏，将东西藏在不明显的地方，并且用语言进行提示：“是在我屁股底下呢，还是在我背后或是脚底下呢？”这时，孩子就会用胳膊肘轻轻地推你。之后，可以把游戏变得再复杂一点。把星星藏在你身上，然后四肢着地爬起来，这样一来，他为了找到星星，就会在后面爬着追赶你。如果藏星星的地点很巧妙的话，可以帮助孩子提高对细节的注意能力。

尽量让游戏涉及对多种感觉的训练。如果孩子在确定方向方面存在困难，你可以给他一个声音提示："嘟嘟嘟，我在这里呢！"还有一种做法是，挑选一个长得比较有趣或者味道比较好闻的"宝贝"让孩子找，而为了找到这个"宝贝"，孩子需要做各种动作，如伸手去够或者伸展身体去找。随着孩子年龄的增长，你可以鼓励他做一些同时使用左右手和左右脚的动作，如爬行、攀爬、跑步、跳跃等。随着孩子探索世界范围的逐步扩展，他对空间内在形象的把握也同样在扩展。

对那些有视觉障碍的孩子来说，我们要帮助他们根据听觉、触觉和他们自己的动作情况来构建视觉－空间世界。会说话的孩子可以通过触觉、嗅觉、味觉（如果合适的话）来描述事物的样子。通过在房间里走动，他能想出房间的大小，他也能通过敲打物体，如敲击木头桌子所发出的声音来确定物体所在的位置。随着孩子在房间里的位置的变化，声音也会随着转移，当他转向物体想触摸它时，声音就会变大。孩子形成了对某个区域的视觉－空间地图，在语言提示和声音的帮助下，他就能继续进行寻宝游戏。

解决视觉问题的关键环节是模式认知。模式认知包括模仿行为和模仿语言。

苏茜的故事

妈妈下班回到家里，先是放下公文包，然后脱下鞋子，揉搓双脚。没过多久，小苏茜就开始脱下鞋子，搓自己的两只脚。模仿是我们学习复杂的社会技能和智力技能的一种基本方式。苏茜对妈妈的模仿包括仔细观察和多步骤的行动计划，是在解决非常复杂的视觉－空间问题。

模式认知让孩子弄明白了弹跳玩具和其他机械物体是如何工作的。这一思维能力会帮助他们掌握自己的世界，比如弄明白怎样踩着凳子去拿书架上的玩具。这些解决问题的行动不仅需要规划动作和给动作排序，而且需要理解事物如何存在于周围的世界，如何找到它们。

对世界的“功能理解”是另一种模式认知形式。通过观察和模仿，孩子开始理解自然物体的功能。连 16 个月大的孩子都会模仿大人打电话：把电话放到耳边，发出声音。因为他明白，电话的功能就是交流。

孩子可能有他自己的梳子、牙刷、镜子，并将这些东西放在一个小包里。爸爸梳头的时候，他站在爸爸身边，并从自己的一堆东西里找到梳子，模仿爸爸梳头的动作。于是，孩子开始把物体与其功能，以及颜色、形状、质地或者其他吸引人的特征联系起来了。

视觉符号和想法

在视觉符号和概念层次上，孩子已经有了空间感以及在空间内部如何移动的想法。他已经看到物体是如何形成模式并发挥作用的，也能够区分一个物体和另外一个物体。现在，通过给物体“贴标签”，孩子使自己的经验更加概念化。比如，操场上熟悉的活动和散步时遇到的景象都有各自的“标签”：植物、动物、大地、天空等。随着孩子逐渐长大，通过你给他描述的这一切以及他自己不断提出的问题，他会逐渐熟悉这些标签。

语言让孩子能够使用象征符号来组织周围的物理世界。渐渐地，他学会了如何表示他早期感觉到的空间维度，然后用“它在哪里”进行练习，比如在长沙发下、在你头上、在壁橱里，等等。利用这些视觉–空间词汇，孩子轻而易举地解决了问题。

在假装游戏中，将各种不同的建筑物件进行加工整合有力地促进了孩子空间概念的发展。积木能搭建出不同的物体，比较简单的有圈马匹的篱笆或者给家人住的房屋。视觉想象的范围是无穷无尽的。当孩子在搭建这些物体时，他可以根据物体之间的关系来给物体“贴标签”，如距离、数量、高度等。

随着孩子逐渐掌握数量和空间维度的概念，他们开始发展更高级的认知能力。其中一个就是我们所说的“一一对应”关系，比如一个象征符号的“3”等于摞在一起的 3 块积木。在其他的感觉中，这一能力发展得较晚。但是在视觉 - 空间世界里，它却比较容易获得发展。3 块积木对 2 块积木，这是非常具体的物体。这比 3 个词对 2 个词要容易认识，因为后者是概念性的计数。孩子也开始逐渐理解自己所看到的形状构成了字母，如直线、圆、半圆等，而字母与声音对应，声音合在一起就构成了词汇。按照这种方式，强有力的视觉 - 空间能力就为学业能力奠定了基础。

逻辑分类

在孩子学习逻辑分类问题时，不同形状的、五颜六色的积木非常有用。用积木搭房子时，孩子能找到各种颜色、各种形状的积木。或者两个孩子轮流找，看谁能找到更多不同的积木。你可以问问孩子他最喜欢的形状是什么，为什么喜欢这个形状，他会告诉你理由。但是这时候，他给出的理由通常只有一个。同样，你问他最喜欢的颜色、最喜欢的房屋样式是什么，他的回答通常也只有一个。通过给积木分类和搭建房屋，孩子开始看到空间世界是怎样构成的，在这个过程中会有多少种选择。这类游戏非常有利于孩子建立高级符号认知模式。

现在，孩子也扩展了一一对应的概念，尤其是当他们专注于物体时。假设我们把 3 块饼干像一座小塔一样摞起来，而另外 3 块则像一列火车一样并排放置，你可以问问孩子想要哪一组。如果他喜欢塔形的饼干，那就保留塔形饼干，给火车形饼干再添加一块，总共 4 块；反之亦然。他可能不明白 4 大于 3 的概念，但是他可能很快就会想明白，他现在喜欢较多的那堆饼干。他开始意识到，实际上重要的不是饼干的排列形状，而是饼干数量的多少。随着孩子在这一阶段表达能力的增强，他会开始将概念联系在一起，并开始学习数数：摞在一起的有 1、2、3 块饼干，而并排排列的则有 1、2、3、4 块。

一旦孩子明白了更宏大的模式，他就会把一切予以分类。在超市买东西时，孩子会明白“让我们把高的东西（瓶子）放在推车的一角，圆的东西（水果）放在另一角，小盒子放在中间，大盒子放在下面”。甚至挑选玩具并把它们放在一边的过程也可以编成一个有趣的游戏。

如果想训练孩子将各个部分联系在一起，并联系得非常合理，搭积木是一项重要的练习，就像在寻宝游戏中，随着文字提示线索越来越复杂，视觉空间的差异也会越来越大。如果空间要素相互之间有逻辑地联系起来，孩子将看到空间物体之间的关系。

在第 10 章，当我们介绍规划想法并给想法排序的游戏时，举了孩子自己制定规则的例子，因为制定规则需要逻辑顺序。由于运动游戏涉及游戏场地，即视觉 - 空间场地，所以不管规则是为足球制定的还是为来回拍气球制定的，其原则是相同的。如果孩子对于在运动场上给自己定位存在困难，那就从小的、简单的运动模式开始。在一个规定的空间中，让他站得离边界线很近，紧贴着边界线，把球踢给身边的伙伴。渐渐地，他朝着球场的中心移动，他和伙伴能构成一个角度。他获得了不同角度的参照点，能够从不同的角度来理解距离。在这个过程中，你对孩子每一个动作的描述都将帮助他把视觉－空间序列与语言序列结合起来，从而使空间学习更具有概念性。

在任何由孩子制定规则的游戏中，你都可以用共同度过地板时光的方式，向他提出复杂程度逐渐增加的问题，例如，“你能把球投到比较远的那面墙上，然后再接住吗？”“你能在这个球弹跳几次后再接住吗？”对空间方向的掌握会一点一点地促进孩子的平衡和协调能力、左右侧整合能力以及连续多个步骤的复杂排序能力的发展。

多因素视觉思维

用不了多久，甚至就在你不经意间，孩子就可能设计出更复杂、更精致的房子，比如把很多房间联系在一起，还会为游戏制定更加复杂难懂的规则、认出更大的空间模式，比如快速地定位并弄懂篮球场上的位置。

现在，孩子已经能识别各种物体的不同属性了。如果先让他们观察一组物体，再将他们的眼睛蒙起来，他们就能通过触觉或者嗅觉将物体一一识别出来。如果是食物的话，还可以通过味觉来识别。他们学会了借助其他感觉来建立视觉形象，这实际上强化了他们解决视觉－空间问题的能力。

处于多因素视觉思维层次的孩子，在看到自己用一套形状各异的积木搭建出汽车、房屋或者飞机时，会觉得这样的挑战妙趣横生。他们还有可能设计出看起来非常有趣的抽象造型。这样的设计使孩子开始在空间维度上进行多因素思维，也就是注意相同形状之间的多种因果关系的能力。

正如我们前面所描述的，帮助孩子提高阅读技能的琳达穆德－贝尔方法就是让孩子用自己的身体摆出字母的形状，或是在地板上走出字母的形状。孩子能够用符号来表示词汇，例如，对于“dog”（狗）一词，孩子可以走出或者爬出字母的形状，也可以用积木搭建出这个词的形象。使用代表字母或者概念的多种方法不仅能使学习的字母或概念更有意义，而且能帮助孩子将更多的感觉和他们所观察到的动作世界联系起来。

视觉领域的比较思维和灰色地带思维

玩黏土时，孩子最终会发现，他能把一块黏土团成圆球或者拉成一条小蛇，而黏土的体积不变，还是同样大小的黏土。这样，他们很快就会明白，在一个高高的、细细的玻璃杯里的液体的体积与矮矮的、粗粗的玻璃杯里所盛的液体的体积是相同的。灰色地带思维可以在视觉范围内进行，让孩子看到物体的相对比例，并从多维度观察物体。

通过从物理世界获得的直接经验来学习一些概念，如空间、重量、数量，以及形状之间如何转化，孩子掌握得最好，而且也学得最起劲。用黏土，橡皮泥，水，以及大小、刻度和重量各不相同的玻璃杯等来建立“科学实验室”，让孩子自由自在地去试验。不久，他就会让你见识到他令人惊叹的技艺和了不起的发现。

有些孩子对这类活动的兴趣不是很大，或者在理解视觉关系和数学关系方面存在问题。对于这样的孩子，你要给他提供更多的游戏空间。一开始，你可以给他两块完全相同的正方形黏土，让他把一块捏成一个圆球，把另一块捏成一个长的物体，如一条小蛇或者一截圆木。然后问他：“哪一块用的黏土多，是小蛇还是小球呢？”你也可以用果汁来做比较。拿两个盛满等量果汁的相同的玻璃杯。先将一杯果汁倒入一个细高的玻璃杯里，然后将另一杯果汁倒入一个粗矮的玻璃杯里。现在，你问问孩子：“哪一杯里的果汁多呢？”如果他说不上来，你再把果汁分别倒回相同的玻璃杯里，然后再试一遍。可能他无法立即回答。这时候，你可以问些问题：“刚开始时，这两杯果汁都是一样的。现在你却说，一个杯子的果汁比另一个杯子里的多，那你是怎么让它多出来的呢？你会变魔术吗？你是怎么变的魔术啊？”

还可以试试揉搓黏土。把黏土揉成不同的形状，如小蛇、小球、正方形、小塔等，然后问孩子：“哪一个形状用的黏土多？”孩子可以通过做试验明白这个问题，也就是将每块黏土捏成的小东西再捏回小球，然后把小球按照从小到大的顺序排列起来。这一游戏演示了视觉关系，也就是皮亚杰所说的“系列化任务”。将任务系列化是数学推理的基础。

通过让孩子亲自动手试验和玩诸如此类的游戏，孩子就会开始意识到，外表是会哄人的，表象具有一定的欺骗性。他必须采取一种多维度的方法，弄明白物体的某一数量和另一物体的数量相比到底是多还是少。这样的理解能力会随着他的成长逐渐成熟起来。

在视觉－空间领域的比较思维和灰色地带思维阶段，可以用实物来培养孩子简单的加、减法意识。因为这时他们已经具有数量意识了，他懂得象征意义的数字，也明白拿走一个单位或者加上一个单位会如何改变他们所获得的事物的总量。如果你的孩子正巧有朋友来找他玩，他们每个人都想要一个苹果，那他就能告诉你总共需要几个苹果。如果有 3 个孩子，每人拿 2 块奶酪，你可以数着“一块给你”“一块给他”，当总共给了 6 块时，孩子会看到他们每人拿到了 2 块奶酪。你还可以问：“如果有一个孩子不想要，那另外两个孩子能拿到几块？”把问题变得简单一点，利用现实生活情景中的实物来讲解数学过程。你可以接着给孩子演示如何用数字来表征数量，甚至还可以表示加、减、乘的过程。

这样做在强化视觉－空间能力的同时也强化了孩子的数量意识和时间意识，因为数量意识和时间意识依赖于所看到的以及所理解的空间的组织方式。让孩子从试验中学会大小的概念，而不只是单纯地从所记忆的概念中去学习，这样能使概念成为孩子意识世界的一部分。理解时间概念的过程也一样。时间存在于情感感觉中，我们将时间与现实世界联系起来，例如，用一个小时的时间看电视或者吃午饭，这样就能培养孩子内在的时间意识。因此，当你说："距离火箭发射还有 3 秒。"那就是在游戏背景下给孩子灌输时间意识。

孩子的设计能力也是在这一层次上进行扩展的。对此，哈里·瓦克斯设计了大量的游戏。在游戏中，孩子可以从不同的角度来复制设计，对孩子来说，这些设计不是它们本身看起来是什么样子，而是它们在镜像中看起来是什么样子，或者是从坐在桌子对面的人的角度来看是什么样子。孩子要把自己所看到的内容转化成别人所看到的样子，而不只是保持原样地复制下来。设计越难，转化就越难。随着孩子的思维能力逐渐复杂化，能将各种概念联系起来后，我们应当鼓励他们利用多种形式表达不同的概念。

反思性推理

利用反思性推理，孩子既能看到结构、设计、绘画，又能判断它们的属性。他们不仅能设计出一座城堡或者三栋树屋，而且能评价其设计风格，将其与朋友或自己的房子做比较，并反思这一切是如何起作用的。他们能发挥想象力，画出奇异的未来飞机和火箭船。他们还能通过阅读，理解作者的高明之处。等他们长到十几岁时，这方面的能力会越来越强。如果我们想鼓励孩子成为艺术家、设计师、建筑师，就要进行试验，以确保他们的观点符合逻辑，使他们能够评价自己的工作质量，从而提高自己的工作水平。

视觉 - 空间世界是很复杂的，有许多不同的维度。发展高级的视觉 - 空间处理能力，首先要帮助孩子关注他们视觉 - 空间世界的各个组成部分，鼓励他们根据情感因素去探索外部空间，即找到他们想要的东西。其次是帮助孩子弄懂不同的空间维度，创造性地使用空间，寻找不同的空间物体之间的逻辑联系，然后跨上一个台阶，上升到空间的多因素思维、灰色地带思维和反思性思维层次，能从别人的立场看问题，弄清楚空间物体之间的关系。所有这一切都有助于为数学、科学和视觉与运动艺术等方面的学习打下坚实的基础。理解世界的能力不仅在于文字上的理解，也在于视觉－空间方面的理解。

测一测，
你的孩子在不同空间中的定位能力如何？

1. 如果你把车钥匙放错了地方，你能指望孩子找到吗？他____
   A. 可能找不到，可能不想试着帮我找，他自己的东西总是乱丢乱放，同样找不到
   B. 可能会试试，但是对放错地方的东西到底在哪里，他心里没数，所以会在显眼的地方瞎找一通
   C. 对可能放钥匙的各个地方心里有数
   D. 对各个角落、犄角旮旯都很清楚，会很有系统地仔细排查

2. 你的孩子善于整理物品或者搭建东西吗？比如用沙发垫子搭建的城堡或小木屋。他____
   A. 在别人整理物品时，他往往在旁观看，因为他不知道该怎样动手
   B. 会动手试试，但结果不能让他满意
   C. 明白各构件是怎样拼合在一起的，但有时搭建不出来
   D. 对搭建物体情有独钟，而且干得很出色

3. 你演示给孩子看：你把他喜欢的相同数量的饮料分别放到一个又高又细和一个又矮又粗的玻璃杯里，你问他想喝哪一杯，为什么？（关于体积、长度和数量原则的对话可以在孩子 7 岁左右时进行。）

他会____

A. 选择又高又细的玻璃杯，说里面的饮料多

B. 选择又矮又粗的玻璃杯，说里面的饮料多

C. 不能做出决定

D. 说都可以，因为两杯饮料一样多

综合感觉系统：
友谊学校的“食物金字塔”活动

本项目由教育学博士理查德·洛迪希与莫妮卡·索伦森（Monica Sorensen）以及利兹·威尔逊（Liz Wilson）规划。

莫妮卡·索伦森和利兹·威尔逊是友谊学校的两位老师。他们在社会研究课程中设计了一系列轻松愉快、富有想象力的食品单元课程。

食品单元课程的教学目标是：

- 鼓励孩子们形成一种开放的思想去尝试新食物；
- 鼓励孩子们在日常生活中选择健康的食物；
- 给家长代表施加影响，使孩子们在特别活动期间带到学校来的食品类型更加丰富。

这一教学单元融合了语言艺术、视觉艺术、数学和科学等重要内容。但是最重要的还是孩子的感受，正如一位老师说的：“我们的课程能与孩子产生共鸣，因为在情感上，他们对这些学习内容非常投入。”

食物金字塔

本项目是从讲故事开始的。故事提到了食品方面的一些书籍，这些书籍就摆放在教室里供孩子们阅读，以便他们获得相关的背景知识。该课程很快成为孩子们的实际操作课。老师要求他们回家后记下晚餐吃的东西，然后把它们画在一张纸的方框里，并贴上标签。第二天上学时，孩子们把每个方框擦掉，展示他们的画，并将它们分成 6 大组。至于如何分组，则由孩子们讨论决定。他们所把握的总体思想是：将同类的食物分成一组。

然后，老师介绍了食物金字塔的概念，并要求孩子们比较他们的食物与金字塔中的食物有没有太大的差别。把食物金字塔的概念弄清楚后，每个孩子被分配到其中一个食物小组。接下来每个小组分别挑出他们画着食物的画，所画的食物要和他们所属的食物小组一致，然后再将画粘到一张大纸上。结果是，他们粘了一个巨大的食物金字塔，给人留下了非常深刻的印象。

孩子们满怀着骄傲之情，将他们的杰作挂在教室的墙壁上。很快，这幅画就成了教室里的亮点。当参观人员，不管是大人还是小孩走进教室的时候，这些幼儿园的小朋友便给他们上演一堂精彩的食物营养课。于是，解释食物金字塔就成了孩子们无比喜爱的活动。

食物营养课计划包括很多艺术活动。孩子们画出了一幅食物壁画，还学会了一首关于食物金字塔的诗，并学会了怎样解释这首诗，同时，他们还根据一篮子真实的食物画出了一幅静物画。当孩子们画完之后，老师把篮子里好吃的东西切开，放在大盘子里。下午，孩子们品尝了核桃、香蕉、葡萄、西兰花、瑞士干酪、法式面包、黑巧克力等，这些食物都在食物金字塔上。食物金字塔增添了“脂肪、油类和糖分”这个大类，因此将黑巧克力也包含进来了。

过去，很多孩子会讨厌某些食物，但是这次他们改变了态度。因为这些食物激起了他们的好奇心，他们都分别尝了尝。

现在，既然孩子们知道了食物金字塔，并扩大了自己的食物选择范围，那么全班同学就要进行一个实验：如何平衡自己的一日三餐。三天以来，每个孩子各自在一个空白的食物金字塔上记录下自己午饭吃的是什么。接下来，每个小组要在食物金字塔上记下他们所吃的份数或数量。然后，每个孩子数出每一组食物中与自己所吃的份数相等的便士（三份谷物等于三个便士），并把这些便士放在该食物小组的公共杯里。全班数出每个杯子里的便士总数，然后画一个柱状统计图。柱子的高度均与该组食物的便士数量相对应。一位老师写道：

> 每次，当我们把杯子里的便士加起来，画出代表所吃食物份额的柱状图时，孩子们都凝神屏息，特别投入。能数出多少个便士，统计图中的柱子会有多高，这些尚不得而知。图表是根据相关的信息以及孩子们吃的食物制作的……孩子们太喜欢这个图表了，很多孩子问，到年底的时候，他们能否把图表带回家。
>
> 幼儿园的小朋友们对食物的兴趣因此深入到了他们的日常生活中。午饭时，很多小孩子表示愿意吃学校里的饭，什么都想尝尝。有时候，他们甚至还要求添饭。

这个活动中唯一没有涉及的感觉区域是运动规划。如果要把这一点考虑进去，他们也会想出一些特别的安排。所有感觉，包括听觉、视觉、味觉、嗅觉、触觉，都是经验的主要组成部分，就像阅读、口语表达、书写、数学、科学以及艺术表现一样。通过这些感觉的练习，孩子们对食物不会挑三拣四了，也懂得了更多的食物知识。最重要的是，他们对食物产生了浓厚的兴趣。

后来，当不得不把食物金字塔换成其他的教学材料时，孩子们都感到很不舍。

阅读标签

食物营养课虽然结束了，但是老师们并没有就此止步。他们继续努力，下一步的任务是向孩子们介绍食品包装袋上的标签。一旦孩子们认识到大多数食品包装袋上都有营养价值标签，他们就会热切地渴望对营养价值的数值做出比较。

老师将孩子们分成小组，让他们比较 6 个食品包装上的标签。这些包装都是从学校的零食和家里常吃的食物中收集来的。老师要求孩子们仔细阅读食品包装上的糖分、蛋白质、钠等各种营养成分的含量，并挑出哪种食物所含的哪种成分最多，哪种成分最少。阅读结果与全班同学共享。孩子们很快意识到，很难找到包含一切成分的完美食物。作为一个补充性的数学难题，他们将各小组的标签汇合在一起，并按照糖分、蛋白质、钠这三种营养成分含量的多少，从最多到最少将标签进行排列。

孩子们将这一新发现投入实际应用。他们向家长讲授健康的饮食习惯，并且检查了家里的食品标签。如果老师吃含有太多黄油的爆米花，他们就会善意地提醒。孩子们还认真地检查了学校的零食和午饭的标签，然后找出哪一种是最健康的食品。这样的行为影响相当深远。有些孩子忍痛割爱，不再喝巧克力奶，也不再吃冰激凌，因为脂肪含量太高；还有些孩子干脆将椒盐饼干扔掉，因为盐分太多；还有一个孩子在发现意大利冰糕含有“零克脂肪”时，高兴得欢呼了起来。

在阅读标签时，孩子们发现了一个有趣的事实——某品牌的麦片中添加了相当高比例的铁。于是他们着手做一个科学实验：铁能与谷物分开吗？孩子们将一些麦片压碎，放在碗里，然后加入一定量的水，用一块磁铁搅动起来。让大家感到吃惊的是，在一阵轻微的嚓嚓声之后，他们竟然真的看到磁铁上积聚了少量的铁屑。不用说，他们迫不及待地想把自己的这一伟大发现告诉家长和朋友们。

老师让孩子们将他们学到的新知识用两种形式总结出来：一种是编写成书，另一种是编成小剧。为了编一本特别的食品书，每个孩子负责一页，在老师的帮助下写上他最喜欢的食品，并阐述有关信息。这一切都是根据孩子的专长来组织的。现在，在教室的书架上，这本汇集了营养信息的书占有特别的位置。

学期结束时，全班组织了一场表演，名为“美食的麻烦：巨魔的故事”。剧中充满大量营养方面的知识，情节生动。更精彩的是，剧中的叙述者是“食品警察”，他热情地向观众解释食品金字塔，演员们的台词也为幼儿园的其他同学上了一堂生动的食品知识课。

现在，无论是吃洋葱、蘑菇还是茄子，孩子们对自己吃的东西都会非常关心，因为他们深深感到，食品知识会帮助他们做出合理的决定。

第 四 部 分

树枝：

完善和丰富各种学习技能

THE LEARNING TREE

解决学习困难的关键在于充分调动孩子的情感，激起他们的兴趣，然后在此基础上反复练习各种思维能力。无论是寻宝游戏还是类比举例，最终都是为了给孩子营造出他们熟悉的或令他们感兴趣的情感环境，使他们自然而然地参与其中进行学习。

13
从根本上解决学习问题

在第二部分和第三部分的各章中，我们提供了大量信息。这些信息可能过于繁多。现在，我们将它们整合在一起。我们先回到萨莉的故事上来。萨莉是我们在第 1 章提到的存在阅读障碍的 9 岁小女孩。我们将通过萨莉的故事说明，她的家长应该如何利用我们对思维层次和感觉系统等方面的有关阐述以及提出的问题，勾勒出萨莉的学习优势与不足的侧面图。现在我们回到第 1 章，重新看一下萨莉的故事。

父母眼中的萨莉

根据观察，萨莉的家长知道，她是一个甜美可爱、性情温厚的孩子。她在学校感到有压力，有些压力她能处理，有些则不能。家长敏锐地意识到了女儿的阅读问题，解决萨莉的阅读障碍就是他们努力的目标。他们也知道萨莉还存在协调障碍等问题。然而，他们并不为此着急，因为萨莉的妈妈也存在协调障碍，但是到目前为止，她一直生活得很好。萨莉在学校里与其他女孩之间关系的烦恼也是他们的心头之患，但是通过与其他家长闲聊，他们发现，很多孩子在学校里都存在与同学关系紧张的问题。那么，借助学习树这套方法，通过思考萨莉的问题，他们有什么心得体会呢？

思维层次

1. 注意世界：爸爸妈妈知道萨莉在注意力方面没有问题，只有在紧张的情况下可能会注意力不集中。

2. 参与世界：萨莉热情友好，喜欢和别人打交道。

3. 互动和交流：有时候萨莉会很困惑，因为她容易误读朋友们的表情。看起来萨莉好像没有完全理解他人通过手势表达的喜、怒、哀、乐等情绪。然而，她与别人进行对话毫无障碍，而且会运用恰当的表情和手势。

4. 共同解决问题：萨莉在表达自己的需要方面没有问题，但是她在遵循指令方面确实存在问题，这与指令的复杂程度有关。

5. 利用有意义的想法：关于在学校里遇到的问题，妈妈已经和萨莉讨论得够多了，知道萨莉能够说出哪些情绪让她很伤脑筋。至于其他的情感，妈妈没有太在意，但是她认为萨莉没什么问题。萨莉能够自己提出一些有意义的想法和意见，喜欢和小伙伴们玩。

6. 逻辑思维：妈妈能够看出，萨莉在逻辑思维方面有点小问题。当萨莉因为在学校发生的事情而不高兴时，如果妈妈没有拿出足够的时间来安慰她，萨莉心里就会特别难过，但是至于原因是什么，她还说不上来。面对那些要求发挥想象力的复杂故事，与朋友相比，萨莉做起来更困难。她与老朋友的关系良好，但是对于新朋友，她在解读他们发出的信号方面有点困难，就好像她在识字方面存在的问题一样。萨莉在理解别人是否喜欢自己或者他们的关系是否破裂这些问题时存在逻辑障碍。虽然她很热情，善解人意，但她在这一点上对自己没有把握。

7. 多因素思维：虽然萨莉能对自己的喜好和憎恶说出很多条理由，有时也能理解他人的行为，但是在看待自己的问题时，她却喜欢用非此即彼、非黑即白的思维方式。她总会觉得“自己是班里最蠢的人”。

8. 比较思维和灰色地带思维：萨莉经常说起喜欢某些朋友，不喜欢某些朋友。在商店里买东西的时候，她能进行选择，做出比较。无疑，她具有这一层次的思维能力，能看到灰色地带。但是，她在压力之下表现出的对自己非此即彼的思维方式表明，她不能稳定地维持在这个层次上。

9. 反思性思维：虽然希望萨莉在该层次上能站稳脚跟，但是按年龄来说，她还有点小。不管怎么说，她的反思性思维能力已经开始发展了，她能够反思友情。当她不能完全理解别人的动机时，她不会假设他们不喜欢她，或者自己不受欢迎。萨莉只是对他们字里行间隐含的意思感到困惑。萨莉承认，自己在某些方面需要提高。

爸爸妈妈描述了萨莉的情况：她在起始层次上表现不错，在热情方面也很有优势，能和别人交流对话，能提出自己的观点，了解自己的某些感受。事实上，她在每个思维层次上都有一定的优势，但是当她向着更高的层次发展时，其不足也表现得更加明显。

感官能力

1. 听觉处理能力：爸爸妈妈记得，萨莉学说话时没有遇到什么障碍，一切都水到渠成。起初，她能正确地喊出“妈妈”“爸爸”，就像其他孩子一样 。小的时候，她也喜欢大人读书给她听，喜欢看图画。但是，在开始阅读时，她发现自己读词总是磕磕绊绊的，而且音节越多，情况越糟。读完之后，也不能把故事原原本本地讲述下来。爸爸妈妈看出，这个问题也使萨莉不能遵循老师的指令写作业。他们还发现，萨莉对此也颇有压力，这使情况变得更加糟糕。

2. 运动规划和排序能力：运动规划和排序并非难事。但是，不管是在体育课上还是在跳舞时，萨莉在总的运动规划和排序方面都存在问题。对此，萨莉所感受到的压力几乎和阅读带来的压力一样大。

然而，萨莉的精细动作能力不存在这个问题。萨莉在画画方面做得非常好，并从自己的绘画才能中获得了很大的乐趣。

3. 调节能力：萨莉患有轻度调节障碍，主要原因是她对噪声很敏感。她对父母说，当操场上一片吵闹混乱或者小组活动中大家吵吵闹闹时，她就会觉得不堪忍受。大多数时候，萨莉能让自己平静下来，但她不喜欢这种嘈杂与吵闹的环境。

4. 视觉-空间处理能力：在视觉-空间处理方面，萨莉的表现出类拔萃。她知道自己所在的位置，并能由此考虑到各种安全因素。这一优势与她的艺术特长是相关联的。她不仅能正确地描绘出图像，而且还能创造出一系列有趣的情景。

面对焦虑

就像愉快、难过、激动等都是人的正常情绪一样，焦虑也是健康的情绪，是成长过程中必要的一部分。但是，焦虑情绪很可能会成为一种不利因素，挑战并破坏一个人的能力。成年人也许能找到适当的方法宣泄自己的情绪，减少或释放焦虑感。但是，一旦孩子陷入这种陌生的情绪中，往往会苦苦挣扎，甚至不知道该怎样描述这种情绪。有时候，焦虑是由学习上的问题导致的，所以孩子能具体而真实地感受到，如萨莉在课堂上对阅读问题的感受，有时这种情绪又是综合性的。因此，学习上存在的问题也会经常受到焦虑情绪的直接影响。

通常情况下，当孩子对自己能否完成一件事情没有把握时，例如，当不能完成数学题、作文或者辨别复杂的方向时，他们就会产生焦虑感。不管这种焦虑感或不确定性是由精细动作能力低下所致，还是由视觉－空间能力不足或者其他障碍引起，孩子的应对方法可能会多种多样，如回避、积极面对、抽身而退或者意识到自己能力不足等。如果一个孩子在学习上存在问题，那么一旦他产生焦虑情绪，问题便会更加严重。

焦虑容易使我们受制于焦虑情绪本身，难以自拔。一旦陷入这种情绪，即使我们已经想好了排解方法，想保持冷静，也很难集中精力去应对。要想完全阻断焦虑感几乎是不可能的。现在，我们处在一定的压力之下，已经达到的思维层次会有点不稳定，这毫不奇怪。我们之前描述的三个参数，即到达某一思维层次，加深并拓展这一层次相应的深度和广度，在该层次稳定下来，在焦虑的情绪之下都遭到了突如其来的袭击。有些孩子比别的孩子更容易面临情绪上的崩溃。

在萨莉的例子中，她没有想要阻挡焦虑。但是面对焦虑，萨莉的反应却使她的思维层次处于不稳定状态。因为阅读障碍，她丧失了三个最高级的思维层次，即多因素思维、比较思维和灰色地带思维以及反思性思维，这使她无法客观地看待问题和解决问题。现在，萨莉的能力一下子退化到了非此即彼的状态。

父母是如何帮助萨莉的

在第 1 章中，我们讨论了萨莉的父母帮助萨莉的计划，其具体做法涉及三个方面：反思性思维、听觉处理和排序，以及调整感官的过度反应。在第二部分，我们阐述了比较具体的练习和活动。下面我们围绕这些问题展开论述。另外，在处理焦虑的问题上，我们会提出一些可行性建议。

1. 强化萨莉的反思性思维能力：强化这一思维层次的能力要从帮助萨莉练习多因素思维、比较思维和灰色地带思维开始。它们能为萨莉最终达到最高的思维层次打下坚实的基础。在与萨莉的日常闲聊中，萨莉的父母有很多机会鼓励孩子利用多因素思维、比较思维和灰色地带思维来表达自己的观点。首先，要激发萨莉参与讨论的热情，讨论一些她喜欢的话题，这样能帮助她获得该思维层次上的安全感，然后再逐渐转向她不太感兴趣的话题。

很明显，萨莉在视觉 - 空间能力上占有优势。当萨莉把她的画拿给父母看时，他们赞不绝口。父母可以问她各种各样的问题，让萨莉感受到他们真诚的支持。通过提出问题，他们可以让萨莉成为话题的主角，让她主动告诉父母自己是如何做这些事情的。

从根本上来说，这还是需要父母与孩子共同度过地板时光。你需要走进孩子的内心世界，顺应孩子的思路，对孩子提出支持性的挑战。你的热情会引导孩子不断前进，拓展他的思路，例如，假设孩子用不同的配色方案画了几幅画，你可以要求他演示一下自己是怎么画出来的，以便也能跟着他画。你还可以问一问孩子最喜欢哪幅画，为什么喜欢，其次喜欢哪幅，为什么，等等。你也可以用同样的办法来训练孩子的视觉 - 空间能力。比如，家里的电视遥控器丢了，但孩子找到了。你在对他表示了真诚的欣赏和夸赞之后，可以让他演示一下他是怎么找到的。为什么他能在某个特定的地方找到？他当时是怎么想的？他受到了鼓励，就会仔细向大人解释。当孩子解释一些有趣的、有情感价值的事情时，也会在不知不觉间提高他的排序能力。

随着孩子对自己逻辑思维能力的把握越来越大，他就会逐渐转向那些曾经感到把握不大的方面，如阅读和运动。但是，请记住，首先需要强化孩子的核心能力，因为在这些领域中，他已经能够在保持自己的思维层次的前提下，更加广泛地反思自己的能力。

2. 强化听觉处理能力和排序能力：在这一感觉模式下，萨莉有几项能力有待训练。她需要将视觉形象与声音联系起来，在大脑里记住声音的顺序，提高自己对各项指令的整体排序能力。首先，萨莉可以进行和伊莎贝尔相同的训练，伊莎贝尔是我们在第 8 章提到的有识谱问题的孩子。虽然伊莎贝尔的优势是敏锐的听觉，萨莉的优势是视觉 - 空间能力，但是这两个孩子在将所看到的转换成所听到的这一方面都存在问题。在这些训练中，萨莉的父母需要记住，在刚开始练习时要保证萨莉有 70% ～ 80% 的正确率，经过一段时间的训练之后再稍微加大难度。

至于萨莉的阅读理解问题，她的父母必须想办法鼓励她练习一些让她感到心烦的东西。利用萨莉的艺术才能就是一个非常完美的方法。为此，父母建议萨莉选择一本她自己喜欢读的书，然后和她一起玩了个游戏，要萨莉把书中的故事画出来，她的父母则从萨莉的画中猜测故事讲述的是什么。利用已有的艺术才能和视觉能力，萨莉就能逐渐发现故事中各不相同的部分是怎样相互联系在一起的。渐渐地，萨莉能读懂的内容越来越复杂，也对抓住叙事情节越来越有把握。由于将听觉和视觉模式方面的训练结合了起来，现在，萨莉能正确地读词，这一能力与稳固发展的把握复杂故事的能力相得益彰。

在给声音排序和遵守指令方面，萨莉较强的视觉－空间能力再次给她较弱的排序能力提供了有力的支持。寻宝游戏是训练孩子遵守指令的完美方法，而且这一游戏还能邀请朋友一起参加，又给游戏过程增添了一份愉悦之情。通过这样的训练，萨莉对自己的视觉－空间能力越来越有信心，为了找到宝贝，她毫不含糊地把握住了方向，遵循了相关的指令。

最后，通过上面的训练与活动，萨莉各方面的能力都得到了一定程度的提高。训练运动规划能力和排序能力可以使已经提高的能力得到进一步强化。在第 9 章中，我们讨论过进化游戏。虽然萨莉从初始阶段开始，年龄有点偏大，但是因为妈妈也存在同样的问题，所以母女俩相互激励，像蠕虫那样爬行，这个过程也很有趣。如果不愿意，萨莉也可以从进化游戏中任选一个她喜欢的阶段进行练习。随着她的协调能力、节奏感、平衡能力以及整合身体左右侧的能力不断进步，萨莉也可以尝试一下其他活动，如果和爸爸妈妈进行比赛，那么不要忘记，大多数时候要让萨莉获胜。

3. 减少感官上的反应过度：萨莉需要学会如何识别那些会让她感觉不舒服的吵闹嘈杂的环境。由于她已经开始注意到这一反应了，所以怀着同情之心与她讨论一下这些可能发生的情形会帮她考虑得更清楚。有了这样的意识，就有可能找到任何能够减少噪声冲击的机会，例如，遇到噪声时暂时躲开，或者想清楚自己能够对此忍受多久，有效地控制当时的环境，这些都能让她感到安慰。

4. 提高应对焦虑的能力：因为前面没有讨论这一点，所以我们在此对其进行详细阐述，而不仅仅是讨论萨莉所需要的帮助。

如果你能做一个善解人意的倾听者，那就能有效地帮助孩子，让他感到有把握应对自己的焦虑感。所谓帮助，就是使出你的浑身解数，设身处地地为孩子着想。对于孩子的问题，成年人可能也同样感到焦虑，所以他们经常希望立即找到解决的办法。现在，你一定要克制自己，避免产生这样的念头。首先，孩子想得到的是你的理解和安慰。当务之急不是该责备谁，也不是该做些什么。家长越放松，越有耐心（无限的耐心尤为有益），越善解人意，孩子就越受益。

萨莉的父母鼓励她，让她说说自己有多么讨厌阅读，如果她当了校长会采取何种措施，他们让萨莉尽情地说出那些让她感到挫败和愤怒的人与事，如家长、老师、家庭教师，以及她的沮丧情绪、无可奈何之感等。驱逐这些负面感受的最好方法就是，老师或家长能带着同情心倾听萨莉诉说。这时，没有必要解释诸如阅读为什么如此重要之类的问题，只是帮助孩子区分与焦虑相关的不同情感就足够了。有的孩子会说“我要失败了”，或者“我没法清醒地思考问题”，或者“我看上去很蠢”。甚至还有一个孩子告诉我：“我的大脑不管用了，我害怕它以后再也不能思考了。”鼓励孩子将这些恐惧说给一个善解人意的成年人听，会大大减少他的焦虑情绪。

对于那些采取消极手段应对焦虑的孩子，家长需要温和地帮助他们确认存在的问题，以便他们在认识问题的时候，心里不会非常反感。这里，我们要再次强调，倾听者要善解人意，有同情心。在孩子能够很好地识别鸵鸟式的逃避或者母老虎式的盲目进攻之类的情况后，父母就可以以一种轻松的语气进行评论，问问孩子他是否要逃避。如果孩子用逃避来应对，家长可以说：“哦，那不是鸵鸟吗，把脑袋埋在沙子里？”一旦孩子能轻松地谈论自己是鸵鸟这一话题，他就能放松心情，然后，他就会承认：“我现在就是一只鸵鸟，因为我确实不想这么做。”或者孩子可能会说：“我才不是鸵鸟呢，我只是对这个事情不感兴趣罢了。”如果孩子知道自己目前只是需要意识到恐惧，而不是要去战胜恐惧，他就会放松很多，然后才能勇敢面对学习中出现的问题，把自己面对的焦虑当作一种挑战去迎接，而不是怀着恐惧之心去回避。

也有很多具体的方法能让孩子放松下来，例如，学会慢慢地深呼吸，或者先休息半分钟，再慢慢地回到刚才的任务中。还有一种放松方式是“明天的游戏”（Tomorrow Game）。比如，萨莉第二天要在课堂上朗诵一首诗。对萨莉来说，想象一下朗诵的情景、经过充分考虑后讨论所有的感受、制订计划等，这些都可以让第二天的朗诵情况不那么令人畏惧。一旦承认心里的恐惧和幻想，恐惧的强度通常就会降低。萨莉的计划还可以包括事先在家里排演好诗中的人物和动作，以便生动地再现诗的内容和意义。

家长可以和孩子一起使用上述练习方法，看看到底哪一种对孩子最有帮助。

最后，在容易出问题的地方，让孩子进行额外训练。不管是针对感觉发展途径的基本要素还是想要练习实际能力，本书的各章中均配有多种练习方法，目的是推动某一具体弱项能力的发展，例如，在学习回答比较复杂的论述题时，我们在第 8 章列举了杰克的表现和训练结果。显然，孩子提高的速度越快，他们就越不会感到紧张。有时候，因为其他问题的干扰，孩子很难获得额外的训练，例如，那些在写作方面很吃力的孩子在精细动作方面也要付出很大的努力。

在信息排序（不管是听觉的、视觉的还是动作的）方面存在问题的孩子都会表现得混乱无序、焦躁不安，在这方面，萨莉就是一个典型的例子。限时测试给孩子造成的压力更大。我们经常推荐不限时测试，因为智慧和速度没有必然的联系。焦虑会导致孩子很快将考试题目全都混在一起。生活中，有些任务确实需要速度，但是大多数任务并不需要速度。真正重要的学业任务需要的是从容不迫的反思性思维。

所有的家长都能找出自己的方式，给予孩子应有的支持，以减少他们的焦虑情绪。但是，最重要的是理解孩子的内心感受，帮助他们确认疏通焦虑的道路，提出有趣的活动方法，逐渐训练他们的薄弱环节，同时，与老师配合，缓解他们在薄弱领域的压力，使强势环节更强，以便孩子能对自己有一个平衡的认识。这样，孩子就能逐渐学会应对焦虑的方法。

行动中的学习树：
友谊学校的“认识恐龙”活动

本项目由教育学博士理查德·洛迪希与马里恩·道林（Marion Dowling）规划。

面对神秘的事物并探索神秘的真相，会激起每一个孩子的好奇心。对孩子来说，还有什么比恐龙更让他们觉得神秘莫测、令他们激动不已的呢？

在友谊学校的幼儿园里，有一群五六岁的小朋友，他们都有一段终生难忘的学习经历。为了对恐龙的年龄进行一番彻底的调查，他们满腔热情地搜集相关资料，积极主动地发挥想象力。该教学项目是由马里恩·道林老师设计并指导的。下面我们详细描述该项目的运作过程。

为了从一开始就抓住孩子们的注意力，让他们踊跃参加，老师将教室变成了一个随时随地都有可能与“恐龙”邂逅的互动园地。在将近 6 个星期的时间里，孩子们与“恐龙”生活在一起。他们阅读与恐龙有关的书籍，观看贴在墙上的与恐龙有关的海报，亲手触摸教室四周放置的恐龙化石。此外，在对恐龙的栖息地经过一番考察之后，孩子们还为恐龙设计了住处。他们知道，有的恐龙凶猛、强大，有的恐龙温和、弱小。他们为凶猛无比的恐龙搭建帝王宝座，为温和弱小的恐龙搭建安全家园。墙上的一幅幅挂图展出了各种各样的恐龙，均附有细节描述，包括恐龙的名称、名称的意义、身高、体重及体长。经过对众多观点进行排序，孩子们学会了区分不同类型的恐龙，而且明白了恐龙的某类特性，如它们的生活环境、食物构成、所具有的身体特征等，是如何与它的类型相对应的。

恐龙让孩子们感到特别兴奋。但是吸引他们的并不是那些已知事实，而是恐龙的神秘性。谈到恐龙，没有人能知道全部的答案，任何一个孩子都可以提出自己的一种理论。当孩子们走进一个神秘的世界，他们的思维能力和想象空间都能得到最大限度的发挥。他们就像一群即将大展拳脚的科学家、探险家，虽然手中掌握的信息并不是特别丰富，但是他们也能利用这些信息构建并发展自己的理论。正如一位老师所说的：

> 显然，孩子们对此怀着极大的热情。他们的热情源于这样一个信念，即老师和学生是真正地一起学习、一起探索的。孩子们热切地倾听其他人提出的各种假设和理论。对恐龙的密切关注以及强烈的好奇心是他们在课堂讨论中表现出的典型特点。

老师是从一个简单的问题开始提问的："你们见过恐龙吗？"孩子们热情十足，一个个高举小手，分别描述自己在博物馆、图书及电影中看到的恐龙故事。老师告诉他们，恐龙从地球上消失已经有 6500 万年了，没人知道恐龙灭绝的真正原因是什么。于是全班同学集思广益，最终对灭绝的定义达成了共识。孩子们组成了一个"探索真理、解决神秘问题的同盟"。为此，他们调用了各个层次的思维，甚至触及抽象思维和反思性思维等高级思维层次。

班里有那么一两个孩子知道陨石理论（meteorite theory）。他们想启发自己的同学："恐龙是因为陨石撞击地球才灭绝的！"这样的回答通常并不会结束讨论，而是会引出下一个问题："陨石怎么能一下子使成千上万的恐龙惨遭灭绝呢？"当去沙箱玩耍时，他们从往沙箱里扔石头的行为中得到了启发。孩子们看到，石头一扔下去，霎时间便会尘土四起。这时，老师就给他们讲解："如果尘土停留在空中，就会阻隔阳光的照射，让空气变冷。如此一来，植物就会枯萎、死亡，致使那些依靠植物为生的动物没有食物可吃。"真可谓一"石"激起千层浪，从老师讲解陨石理论的那一刻起，孩子们便迫不及待地表达了各自的想法。每个孩子都画了一幅关于恐龙的图画，画完之后，他们还意犹未尽，给老师讲解他们各自的关于恐龙灭绝的理论。

在接下来的一个星期里，课堂讨论又引出了另一个问题："我们怎么知道恐龙长什么样子呢？"对已知和未知问题的讨论让孩子们将视线转向了他们熟悉的动物，如大象和长颈鹿。而他们尤其关注爬行动物，因为恐龙属于爬行动物科。在孩子们的探索卷册上，第二页的内容就是恐龙长得像什么。

有些恐龙的特定身体部位比较特别，例如，剑龙身上有剑板；三角龙则有巨大的角和褶皱；而长颈龙的脖子有身体的两倍长；霸王龙则有短小的双臂和巨大的牙齿，用双腿行走。孩子们获得这些知识总共用了一个星期的时间。因为上述每一个恐龙的特点都会让孩子们向自己发问："为什么会有这样的恐龙出现呢？"所以在思考上述问题时，他们涉及的多因素思维非常广泛。为了理解高大的霸王龙到底有多高，孩子们把它与电线杆进行比较；为了弄清楚最高的恐龙有多高，他们去了一趟停车场，乘电梯上了 4 楼。在那里，孩子们使用了各种测量手段进行比较，忙得不亦乐乎。

孩子们甚至把恐龙变成了他们娱乐活动的一部分。他们扮演恐龙。由于恐龙不会说话，所以他们能做的就是吼叫和打手势。力量强大的恐龙有时很友好，有时很凶猛；有的恐龙虽然弱小，但是奔跑的速度非常快。这些优势互补解决了它们遇到的生存问题。同样，孩子们在沙箱里玩耍的时候，也利用了这一行动原则。在沙箱里，孩子们通过“战争”来决定谁当“沙山之王”。

艺术老师给孩子们提供彩色橡皮泥，让他们捏出恐龙的形状，还给他们提供蜡笔，让他们画出恐龙的图片；科学老师则带孩子们讨论恐龙的骨头和恐龙化石；幼儿园老师为孩子们留出了充分的讨论时间，给他们提供了图画书和海报。最后，老师和孩子们一起去了一趟自然博物馆，进行了一次特别的旅行。在博物馆里，两个孩子和一个成年人一组，将过去几个星期所掌握的关于恐龙的信息都整合在一起。他们看着博物馆里的恐龙模型，画出他们认为最有趣的特征。回到学校，还有美味的恐龙饼干等着他们尽情享用呢！

在这种动态的学习环境中，孩子们受到了极大的鼓励。他们发挥自己的想象力，试图去理解诸如物种灭绝这样的抽象概念。他们表达自己的观点，倾听他人的想法。所有这一切都是跨学科的，所有的感觉共同发挥作用，让孩子们能够像任何一位优秀的科学家所做的那样，一步步探索，接近正确答案。

只有当孩子想主动参与自己所学习的内容时，成功才会变得唾手可得。对任何一个孩子来说都是这样。但是，正如我们前面所阐述的，对那些有学习障碍的孩子来说，兴趣尤为重要。因为这些孩子需要额外的鼓励，以推动他们走过困难的环节。

14
阅读理解不可怕

有的孩子在阅读理解方面存在障碍。在前几章中，我们着重讨论了这个问题。萨莉是我们讨论的第一个有阅读障碍的孩子。她的阅读障碍是由基本问题引发的，即在区分声音方面存在困难，这导致萨莉不能按顺序记住声音，后者又导致了一般的排序问题。杰克也存在排序障碍，他的困难表现在理解复杂问题时茫然无措。接下来我们又讨论了埃里克的情况。埃里克需要丰富自己的生活阅历，从而理解在阅读及写作中遇到的各种概念。

现在，我们要讨论的是另一个干扰孩子阅读理解的问题，那就是缺乏将自己的思想与他人的思想进行恰当联系的能力。

索菲的故事

对索菲来说，正确地发音和拼读词汇都不成问题。她在课堂上的朗读和其他孩子一样清晰、自然、流畅。她的问题更复杂一点：她不能解释自己所读的内容，即使只有几个简单的句子。例如，“玛丽喜欢她的新洋娃娃。她带着娃娃去公园。晚上，她会深深地亲吻它，然后把它放到床上。”读了这样的句子，索菲会感到大惑不解。当老师问她“玛丽做了什么，玛丽会有什么感受”时，索菲愣在那里，回答不上来。

老师建议给索菲提供一些阅读方面的帮助。于是，索菲的家长就带着孩子来找我了。在我的办公室里，索菲表现得非常可爱，也很有求知欲。但是我发现，她反应不敏捷。索菲对我说了一些自己的想法，她在做游戏时也不乏新意。比如，她编了一个给洋娃娃吃午饭以及去历险的小故事。但是当我问她：“索菲，你的洋娃娃为什么会跑啊？”她却对我的问题置若罔闻，继续讲自己的故事。根据她父母的说法，索菲在家里或者在学校里经常对听到的话无动于衷，没有任何反应。他们认为，除了阅读障碍的问题之外，索菲可能还有注意缺陷多动障碍。

然而，我发现了一个更为基本的问题。索菲从来没有学会把自己的想法和别人的想法完全地联系在一起。换言之，她从来没有掌握逻辑思维。如果有人问她：“为什么你在外面时要穿外套啊？”大多数情况下，索菲都是充耳不闻、避而不答的。原来是需要动用逻辑思维才能回答的“为什么”问题困住了她。

对索菲来说，对信息进行加工处理、理解他人所说的内容非常困难，但她自言自语就容易多了。鉴于此，我为索菲设计的核心课程是，让她和父母进行双向的长对话，并进行大量一对一的游戏。

起初，家长给予索菲种种激励，以使她对他们的话语做出回应。当索菲想要什么东西的时候，他们就对她为什么想要这件东西表现出好奇之情。通过使用对索菲来说最具有情感吸引力的办法，他们把索菲“拉”进对话中。

“我能喝酸奶吗？”“当然可以啊，你最喜欢什么味道的？”如果索菲回答了，他们就很容易接着问为什么；如果她不回答，他们就提高音量来抓住她的注意力：“索菲，你喜欢草莓味的，还是柠檬味的？”但他们会用一种温和的、好奇的、满含爱意的口气来问。

渐渐地，家长提出的问题越来越复杂。如果索菲想去操场或者朋友家，却说不出连贯的理由，他们就用荡秋千、挂在双杠上、跳房子等她最喜欢的游戏中的身体语言及表情将她拉进游戏场景中。以上种种策略帮助索菲调动各项感觉，促使她的运动系统进入具有情感意义的交流，而交流的目的则是让索菲将自己的想法与父母的想法联系起来。通过反复练习，索菲连贯反应的次数慢慢地从只有 30% 达到 50%，最后终于达到了 80% ～ 90%。

阅读理解意味着注意并理解他人的观点。如果索菲想理解自己和别人在课堂上所读的内容，最基本的一步就是做出逻辑联系。对索菲来说，随着逻辑联系能力的不断提高，她的阅读理解水平也得到了不断提高。虽然一般来说，注意是思维的第一步，但是仅仅给索菲贴上注意缺陷多动障碍的标签，永远也无法解决她的阅读障碍问题。

从索菲的例子中你可以看到，孩子在成长过程中，为扭转阅读理解存在障碍的局面，将自己的想法与别人的想法普遍地联系起来有多么重要；对家长来说，利用孩子的兴趣加强与他们之间的初步联系又是多么重要。有趣的是，后来索菲培养出了一个爱好，这个爱好将她讲故事的天分与她后来获得的阅读优势合并在一起，让她成了一个故事大王。

提高阅读理解的水平

在第 7 章和第 8 章，我们概述了阅读的听觉根基，即从区别不同的声音到把语音与视觉表征联系起来，再到与字母联系起来，以便能说出某个词，理解词汇代表的意思，这些都是阅读理解的基础。

上述基本阅读能力（树根）与基本思维能力（树干）并存。你不可能超越你的思维层次去理解思维能力层次之外的事物。因此，我们借鉴了许多同事的研究成果，想出了一个多步骤的阅读理解方法，该方法融合了学习树树干的所有思维层次。下面我们就每个思维层次各用一段文字进行简短介绍。

关注所阅读的内容，提高注意世界的能力。正如我们在第 7 章所描述的，一旦孩子能够阅读句子和小段落，我们就想让他借助所有的感觉和思维层次，吸收所阅读的基本内容和细节，使阅读过程成为一种多感觉的经历。你可以和孩子一起阅读一个段落，然后装作好奇地要求他尽可能全面而充分地描述他所看到、听到、闻到甚至尝到的一切，包括阅读材料中没有明确陈述但是孩子能够猜到的东西。如果情景非常简单，例如，“树在风中摇摆”。你可以提出如下问题:“树在风中摇摆看上去是什么样子的？树上有叶子吗？风刮得很轻柔呢，还是很猛烈呢？树叶在风中会发出‘沙沙’的响声吗？”如果故事更复杂，例如，一个小女孩在动物园里。那就问他：“发生了什么事情？小女孩是干什么的？”即使阅读材料中没有说她闻到了什么，你也可以问问孩子：“你认为小女孩会闻到什么？动物有什么颜色的皮毛？皮毛摸上去有什么感觉？动物有多大或者多小？它们会发出什么样的声音？”

让孩子参与世界非常重要。为了帮助孩子阅读，你可以问他：“阅读材料中有其他人吗？如果有的话，这些人物之间的关系是什么？有重要的幕后人物吗？主要人物与另一个对象，比如一个风筝或者一个毛绒玩具有关系吗？”

与孩子互动和交流。让孩子在阅读中思考各种情感并与他互动也会加深他对阅读材料的理解。你可以试着问他："人物之间有对话吗？在动物园里，女孩呼唤她最喜爱的动物，它来到篱笆前了吗？如果动物来到篱笆前，小女孩会有什么感觉？如果她还想待在动物园，但是爸爸说该回家了，那怎么办呢？"

你和孩子可以共同解决问题。故事中总是充满各种需要解决的难题。你们可以讨论故事中的人物面临的困境以及他们走出困境的办法。比如你可以问："如果小男孩如愿以偿，得到了自行车，但是踩上踏板却很困难，他需要做什么来解决问题，然后才能骑上去呢？谁可以帮助他？他们需要工具吗？如果动物园里的两只猴子互相追逐，其中一只要怎样做才能摆脱另一只呢？猴子妈妈会想些什么？为什么？"

在共同解决问题方面，我们鼓励孩子使用有意义的想法，以便进入孩子的想象王国。你可以问问他："下一步可能发生什么事情？以前可能发生了什么事情？你会改变场景中的某些事情吗？"让孩子用自己的想法来给阅读材料添加内容，多提几个问题，帮助孩子明白其中的原委。

使用逻辑思维，将各种想法联系在一起，这样能使孩子在描述因果关系时达到一个新的思维层次。如果你问他："一棵在暴风雪中的树有什么感觉？"孩子可能会回答："天正在下雪，所以树可能会感到有点冷，感觉不是很舒服。"或者："树很孤独，因为周围没有别的树。"帮助孩子找到阅读材料中暗含的一切因果关系。

在更加错综复杂的阐释阶段，孩子可能将多因素思维、比较思维、灰色地带思维用于自己的阅读行为中。你可以就阅读材料中的内容问问孩子为什么会发生这样的事情，让他探索各种可能的结果，要求孩子比较不同的人物及其动机，例如，比较一下想待在动物园里的女孩的感受和想回家的爸爸的感受。

能进行反思性思维的孩子就能评价自己的阅读内容。面对 9 ～ 12 岁的孩子，你可以问："你觉得这个段落怎么样？你认为作者想说什么？你相信故事中的人物所说的话吗？"或者："你如何从不同的角度来讲这个故事？"通过这样的练习，孩子最终就能将反思性的、批判性的、分析性的思想用于他的阅读之中，将其与其他作品进行比较，与自己的经历和喜好进行比较。如此一来，他也就能将自己投射到故事中去："如果同样的事情发生在我身上，我会感到很难过吗？"鼓励你的孩子根据自己相同的或者不同的经历来解释阅读的内容。一旦孩子能换位思考，他就真正理解了这个段落，也就能轻而易举地记住并理解文字内容了。

孩子最终的理解水平将受思维能力层次的制约，因为，一旦大脑装载了信息，重要的就是这些信息在大脑中如何联结在一起。随着孩子对高级思维层次的使用，对内容的理解逐渐增多，他们阅读到的内容也就"活"了起来，这会使他们产生一种身临其境的感觉。经历过这些不同的思维层次之后，孩子便能深受启发，使阅读的内容成为人生经验的一部分。这也是单纯地记忆段落中的某些事实与真正地理解作者的主要意思之间存在的最大差别。

其他的阅读困难

孩子还会遇到其他各种各样的阅读问题，这些问题会影响他们对阅读内容的理解。

视觉敏感度

有些孩子在视觉上过度敏感，看到一张白纸上写满了黑色的文字就觉得受不了。对有些孩子来说，只有用手指在纸页上一个个地指认词汇才能使他们集中注意力，但是对另一些孩子来说，就连用手指指认这么自然的方法使用起来也颇为困难。麻省理工学院的研究人员发现，有两种创新方法可以解决这个问题。

第一种方法是，拿一块硬纸板，在纸板上裁出一个长方形，长方形的大小刚好能够将一个词或者句子从这一页上与其他的内容隔离出来，这样孩子就能将注意力集中在长方形里的词或者句子上了。你可以用试错法，反复试验孩子一次能阅读多少个词，然后再决定长方形所裁的尺寸。长方形的大小可以随着孩子注意力状况的不断改善而逐渐增大。最终，孩子会甩掉“阅读长方形板”而顺利阅读。

第二种方法是，利用蓝色塑料屏来降低黑色的文字和白色纸页之间的对比度。拿一张蓝色的塑料屏遮挡，降低对比度，这样能让孩子很容易地将注意力集中在阅读的词及其意义上。

与过于敏感的孩子不同，有些孩子敏感度不足，这意味着纸页上的字迹不够突出。对此，可以使用下面几种方法：黄色的滤镜能够突出文字和纸张之间的对比度；改变字体的颜色或者风格；改变纸张的颜色。用这些不同的方法尝试一下，根据孩子的具体情况而定。一般来说，随着孩子阅读水平的提高，对自己信心的增强，不管是过度敏感还是敏感度不足，他都不需要再依靠这些工具来控制自己的敏感度了。

运动系统问题

有时候，我们遇到的另一个阅读困难是运动系统的问题导致的，这使得孩子在满纸页中混乱无序地去寻找自己的阅读内容。有些孩子很难做到从左到右或者从右到左平稳地移动视线，读着读着就容易串行。在这种情况下，除了使用一张硬纸板裁成的长方形或者教孩子用手指来指示眼睛所读的每行字词之外，我们也可以采取一些措施改善他的视觉跟踪能力。最好的方法就是和孩子一起玩传球、接球的游戏。具体做法是，站得离孩子近一点，向他抛一个大一点的球，然后逐渐站得远一点，再改抛小一点的球。这种练习能帮助孩子锻炼眼睛和手的运动协调性。

还有一个方法。首先，用细线悬挂一个中间带洞的坠物，让孩子试着把铅笔插进洞里。然后，慢慢地来回移动细线，这样坠物就成了一个钟摆。让孩子在钟摆摆动的时候将铅笔插进洞里，这需要视觉的跟踪，同时还需要协调好双眼和双手的动作。任何能够协调孩子视觉和动作的游戏都能提高他们的视觉跟踪能力。

这种提高阅读能力的方法综合了多种感官，承认孩子在感觉反应、感觉加工过程以及运动规划方面存在显著的个体差异。你可以进行试验，然后找出最适合你的孩子的方法。不过要注意一点，只有在确认孩子存在具体的感觉困难时才需要这么做。对于那些存在阅读理解障碍的孩子，在开始时就要搞清楚这对孩子来说难易程度如何。

朱莉的故事

为了整合各个思维层次，并帮助孩子更好地用书面语和口语进行理解，下面我们以一个课程设计为例进行讲解。这项设计来自我和同事黛安娜·刘易斯（Diane Lewis）开发的“基于情感的语言课程”（Affect-Based Language Curriculum，简称 ABLC），它将把每个思维层次的训练都融合进提高阅读和写作能力的过程中。

朱莉的科学作业是阅读本·富兰克林所描述的风筝实验，弄清楚他是如何证明闪电带电这一论断的。结果，朱莉读完后理解不了。

1752 年 10 月 19 日，富兰克林在给彼得·柯林森（Peter Collinson）的信中，是这样写的：

先做风筝骨架。用两根重量较轻的杉木条搭一个十字架。在杉木条上粘一块大的薄丝巾。丝巾的大小要和风筝骨架的大小一致，丝巾的四个角正好对着杉木条的四角。骨架准备完毕，在骨架上装上风筝尾巴，拴上圆环，系上细线，以便风筝能在空中飘起来。在十字形骨架中直立着的那根杉木条的顶端，装上一个尖的金属物，金属物以高出木条 3 厘米或者再稍微多一点为宜。在细线的底端，可以拴上一把钥匙。一旦遇到伴有大风的雷雨天气，就将这个风筝放起来。手握风筝细线的人必须站在门里或者窗子内，或者站在有遮挡的地方，以防丝绸飘带被雨淋湿。另外，还要注意细线不要碰到门框或者窗框，一有云彩接近风筝，尖的金属物就会吸引电火花，这样，风筝和丝巾都会带电。如果带电的话，丝巾上软塌塌的细丝就会立起来，一旦雨水把风筝和丝巾淋湿，它们就能自由地导电。这时你会发现电流将源源不断地从钥匙上传导下来，直到你的指关节。在钥匙上系一个充电小瓶，这样，因为发出电火花，所以小瓶可能会发光。这个实验所得出的闪电的性质，与在其他实验中观察到的电的性质完全相同。

朱莉要求爸爸助她一臂之力。爸爸是从注意和参与这两个思维层次上开始帮助朱莉的。他问女儿，对于这个实验，她喜欢哪一点？这很容易回答！茱莉喜欢放风筝。当爸爸问朱莉不喜欢什么、为什么不喜欢的时候，她也能对答如流。因为她觉得，在旷野里走，等待云彩过来这些事一定让人厌烦透顶。当爸爸转至下一个层次，即共同解决问题时，朱莉就遇到麻烦了。富兰克林做这个实验时，经历了哪几个步骤？朱莉回答不出来。通过回头查阅前面的内容，爸爸帮助朱莉找到了放风筝的原因。然后，朱莉重新读了这个段落，爸爸向她提出了许多问题，直到她理解了富兰克林的实验步骤为止。最后，为了增加阅读的趣味性，爸爸建议他们也假装在暴风雨中放风筝，并让朱莉来指导实验。

大一点的孩子在进行上述训练时，可能对"孩子气"的扮演不屑一顾。你可以用问问题的方式来鼓励他："如果你是富兰克林，你会做些什么？你认为他下一步会干什么？"这类问题通常能鼓励孩子符合逻辑地讨论段落内容，发表由事实支持的观点。

你可以通过比较富兰克林和孩子知道的其他发明家，转向更高一级的比较思维层次，例如，你可以问他："与托马斯·爱迪生比较，你认为谁的发明更重要，爱迪生的还是富兰克林的？哪个发明更有趣？"。你也可以通过问问题来帮助孩子寻找答案："为什么更有趣？它怎样改变了我们的生活？"最后，我们达到了反思性思维层次："你如何比较富兰克林所做的实验和你所做的实验？""富兰克林和爱迪生这两个发明家，谁是你的榜样？"

通过这样的过程，从初级层次的注意和参与直到反思性思维，你可以将所有这些感觉一并引入，从而把握孩子的全部思维层次，使阅读理解完全成为孩子的学习经历，这些感觉包括视觉（描绘富兰克林的外貌、天空景象）、运动（放飞一个假的或者真的风筝，当然，不是在暴风雨天）、听觉（所有的对话）、情感（对富兰克林成功后的感受的理解）。换句话说，从这一次科学作业中，孩子能综合性地经历多种感觉，让所读的段落成为活生生的现实，做到真正理解。

帕特·琳达穆德的同事南希·贝尔（Nancy Bell）开发了一个叫作“视觉化/语言化”的系统，该系统用来帮助孩子将所读到的内容视觉化。在本书中，我想超越视觉化，整合行动、听觉、情感和结构，如果可能的话，甚至连味觉也一起整合进来。我们也想让孩子将每个思维层次都用于他们阅读的内容。一旦孩子这么做，他们就是真正地掌握了每个段落。在用这个方法指导一段时间之后，孩子就开始自动地将各个思维层次用于阅读了。他们就成了我所说的“基于思维的阅读者”，让文本“活”了起来。

15
写作的热情从何而来

贾森眉开眼笑，他又一次大获全胜。尽管起初他的父母坚决反对，但他还是软磨硬泡，最终说服了父母给他买一副新的单排轮滑。在同一条街上，另一家的莉拉也抑制不住一阵窃喜，偷偷地对她的小弟弟挤眉弄眼，因为她又占了上风——听完她的描述，父母便责怪莉拉的小弟弟用黏糊糊的手在沙发上留下了手印。这两个五年级小学生都能娴熟地组织一个很有说服力的观点，甚至无理也能争三分。然而，在学校，这两位辩才谁都不能组织好一篇观点清晰、充满例证的作文。

这样的例子不胜枚举。有不少高中生和大学生在其他方面才华横溢，却不能组织好一篇作文或者口头汇报。下面我们要讨论的是如何调用各个思维层次在写作与口语交流中表达思想。

罗比的故事

罗比是一个 9 岁的孩子，具有这个年龄段的孩子非常典型的特点：和伙伴们一刻不停地跑进跑出；与父母软磨硬泡，讨价还价；和弟弟打架，强词夺理，等等。罗比虽然体格健壮，能说会道，但是他的功课遇到了很大的麻烦。老师要求他写一篇关于“周末最喜欢干什么”的小短文。罗比开头写得还挺恰当的：“我和妈妈到公园散步。”但写着写着，他就开始不着边际地东拉西扯了：“天还在下雨。”接下来竟然是：“我喜欢课间休息。”他对自己要表达的观点毫无概念。

在我的办公室里，罗比表现得恰好相反。当他告诉我他脑子里真正在想什么的时候，我发现，他的逻辑解释能力绝对不存在任何问题。他说他的爸爸妈妈偏心，总是向着他 7 岁的小弟弟。不管什么时候，只要他和弟弟打架，爸爸妈妈就袒护弟弟。弟弟乱抓乱拿他的玩具，但是爸爸妈妈从来看不到这一点。不管什么事情，他都比弟弟卖力，比弟弟做得好。可是在爸爸妈妈眼里，总是他挑起事端，和弟弟打架。

罗比对家里人的强烈不满情绪是一个非常完美的契机，我们正好可以借此帮助罗比学会组织作文中的观点。

首先，我让罗比告诉我，他在哪几个方面比弟弟强。结果他一下子打开了话匣子：“你看，我书读得比弟弟好，投球、接球也比他好。还有，我吃蔬菜，不挑剔，我不会把家里搞得一团糟，很多方面我都表现得非常好。”我让他举个例子，什么是搞得一团糟。“我弟弟总是惹麻烦，总是乱拿我的玩具，惹得我们打架，”他说得振振有词，“但是，我就不会把东西弄得乱七八糟。”我向罗比建议，我们就把这些想法写成一篇文章，向他的爸爸妈妈反映一下具体情况。“好吧，”他爽快地应道，“我想说说我弟弟是怎么惹我的，还有我哪些地方比他强。”

“嗯，开局不错，”我鼓励道，“下一步该干什么？”

罗比说：“就是我刚才和你说的那些，我为什么比他强。”

我拿出一张纸，说：“现在，咱们把它写下来吧。”我在纸上画了一个大方框，并且写上题头——“要点”，然后在大方框下面为每个支撑点画出很多个小方框。我问他：“那你说说，你的要点是什么？”

罗比很高兴有这样的表现机会，他庄严地宣布：“我比弟弟强。”

我们在大方框里写下了这一点：我比弟弟强。然后我问道：“现在，说说你的例证。”在每个小方框里，罗比把刚才告诉我的事情一一写了出来。最后，我在纸页的下端画出了另一个方框，写上“结论”，并解释说，既然他已经给出了证明论点的例子，那么在结论部分，他可以重复要点。对于结论部分，罗比写道:“我比弟弟强很多，非常多，十分多，相当多。”写完后，还郑重其事地画了一张咧着大嘴巴的笑脸。

我说：“现在我们再拿一张纸，把这些内容一句句地写出来。”罗比很有耐心。他构思了一篇作文，重复了方框中的要点。他的表达很有逻辑性，观点也组织得非常有条理。对一个 9 岁的孩子来说，这篇作文很不错。

我和罗比仔细推敲了作文的一般要素：作文总是先有要点，然后要用事例支撑这个要点，最后得出结论。我问他是否还有其他想讨论的内容。他说有，他想说说他最喜欢的电视节目。“好吧，”我说，“那你的要点是什么？”

他兴奋地大喊道：“我爱看电视。”我让他举个例子。他扳着手指一一列出了他喜欢的电视节目，还告诉我为什么喜欢这些节目。然后，我们一起画了图表，接着他把图表的内容写成了一篇作文。

最后，我要求罗比告诉我他不感兴趣的一个题目。“老师要求你写的，你却一点都不感兴趣的题目可能是什么呢？”

他皱了皱眉头，回答道：“像《我在周末做了什么》之类的题目，我就不感兴趣。有时候我没干什么有趣的事情。我不想写那样的题目。”

于是我说：“那你能写写周末有多么无聊吗？能写写你做的乏味透顶的事情吗？”

罗比说：“能啊。”我们又从头到尾做了一遍练习。罗比对自己的想法感到很骄傲，他高声朗读自己写的作文。现在，他完全沉浸在享受自己观点的喜悦中。我帮助罗比理解到，不管题目是什么，即使看起来很无趣和枯燥，他都能从中找到让他感兴趣的事情，并将它写成一篇优秀的作文。

画出图表和组织观点能起到帮助作用，但这并不是事情的根本所在。我们练习的根本是找出罗比的写作动机。只要是写那些充满真情实感的东西，他都能写出一篇声情并茂的作文。

过了一段时间，罗比的历史老师布置了一个写作任务，要求描述 200 年前人们的生活状况。“真讨厌！”罗比听到后，不自觉地应了一声。在他的历史课本上，那一章主要展示了一些图片：当时的人们居住过的小屋、他们曾经使用的工具，以及孩子们所干的杂活。对罗比来说，这一章看起来非常单调，当时的人生活也十分无聊。他暗自庆幸，好在自己不是生活在那个时代，不然可就惨了。他告诉妈妈，不知道该怎么写。有了上次的经验，这次罗比的妈妈知道该怎么做了。

正好，罗比家附近有一家博物馆。博物馆再现了200年前农场的情况。罗比参观了这家博物馆，从中体验到了枯燥的历史课本上所没有的东西。他还发现，那时的孩子竟然也有各种各样的玩具。罗比回到家，很快厘清了自己的写作要点：那时的孩子虽然工作很辛苦，但是也很有乐趣。然后，他画出图表来支撑自己的观点：他们有很酷的玩具，能帮助父母生火，趁父母不注意的时候，还能到处撵鸡赶猪，不需要三天两头地洗澡。

这次碰巧的是，博物馆离罗比的家很近。但是如果不是距离博物馆这么近的话，他的家长也可以用其他方式来鼓励他思考，帮助他提炼观点。可以去信息丰富的图书馆，相关的书籍能帮助孩子想象小茅草屋可能是什么样子的。或者，可以在家里的某个角落搭建一个与罗比在课本上看到的情景相似的场景。或者罗比的父母可以简单地问他一些问题："为什么很庆幸自己不是生活在那个时代呢？他会错过什么？"他会根据自己最初的想法来构思作文——那时的生活只有艰辛劳动的枯燥，没有玩耍的乐趣。渐渐地，罗比就能将这一思维方法应用于其他的作文题目了。

多接触新事物

你可能认为，孩子和朋友们一起去参加各种各样的活动，在经过一个星期的体验之后，孩子能利用的作文素材会非常多，如跳踢踏舞、游泳、打篮球等，这些活动虽然有助于孩子获得一定的技能，但是对孩子来说，这些事情在情感上可能并没那么重要。有时候，为了写作，孩子需要更多能让他们兴奋不已的经历和新鲜事。

比如罗比，他和弟弟的关系以及看电视等情况是他自己的真实经历，所以说起弟弟和电视时，他的描述很贴切。由于这两个题目对他来说都是有意义的，所以他能轻而易举地坦言自己的情感。但是一旦超出了这两个题目的范围，他的见识就非常有限，写出的内容就很枯燥。所以，去接触新事物是罗比提高作文能力的一个重要方式。

有些家庭积极鼓励孩子从事各个方面的活动，孩子的接触面广，视野也就比较开阔；还有些孩子因为受到种种条件的制约，能力提高比较缓慢，需要更多的鼓励。不管什么情况，大量的新鲜经历都会激发孩子丰富的想象力。比如去野外远足、逛动物园、乘汽车旅行、逛超市、去海滩、去农场、逛乡镇集市、参观博物馆，或者就在你生活的小城镇里，去以前没去过的地方散散步，这些活动都会对你的孩子产生强大的吸引力。他会学到大量生词，同时建立与这些生词的情感联系，并用这些生词所表征的意义形成自己独到的观点。你的孩子会因此而认识一个更加广阔的世界。

甚至在平凡的日子里，你也可以就孩子非常喜欢的事物，问一些他以前没有注意到的问题。比如，在做饼干时，你可以问："为什么你认为饼干都是圆形的？"在超市时，你可以问："为什么商店把饼干和糖果放在收款机的旁边？"

显然，不能让新的经历给孩子带来压迫感。把孩子的一天都填得满满的反倒有害无益。孩子探索世界固然需要兴趣和热情，但也需要沉着冷静，只有这样，他才能享受学习生词、发展新思想的乐趣，才能吸收新经历的精髓。

不吐不快

现在，越来越多的老师是在"教考试"，而越来越多的考试所测试的则是事实性的知识。介绍重要的历史事件，如《独立宣言》（*The Declaration of Independence*）或者《权利法案》（*The Bill of Rights*），强调对文本的记忆而少有对其重要意义的讨论。战争不被当作思想意识之争，而仅仅被当作要拼命记住的一系列战役、将军、日期等史实。比如在上面的例子中，历史老师布置的作业并没有要求罗比就早期人们的生活形成自己的看法。复述那些时代的基本事实并不能帮助孩子形成某种新颖独到的观点，从而使他们产生表达自己观点的愿望。然而，一篇优秀的作文就是要求表达某种由事实支撑的观点。

即使拥有最懂教育策略的教育家、最新颖的教学大纲，如果孩子的世界仅局限在教室这一弹丸之地，那他也不会评价自己的观点，并各抒己见、一吐为快。孩子不喜欢的可能是发言，如详细阐明为什么想打某款电子游戏，或者为什么最喜欢的快餐汉堡比家常饭好吃。不管多大年龄的孩子，通过最简单的对话，你都可以打探到他对什么感兴趣，你可以通过评论、发问或者分享你自己的经历来表示你对他感兴趣，最后鼓励孩子详细阐明自己的观点。向他发出挑战，让他用知道的事实或观察到的事实来支持自己的观点。大约从 3 岁开始，不少孩子就能回答“为什么”之类的问题，并能用论据支持自己的观点了。

在布置作文之前，老师可以让学生做些练习，以鼓励他们展开讨论，形成自己的观点。经过这样一番训练，当学生开始写作文时，表达观点就非常轻松自然了。

能表达自己的想法是最强有力的能力。然而，评价孩子的想法，鼓励他表达自己的观点，并不意味着你同意或者认可他的观点，例如，如果孩子只是觉得在浴室里制造噪声很酷，并强词夺理，为自己找各种理由，你也不能允许这样的行为发生。尽管如此，在私下谈话中，你们两个还是可以心平气和地坐下来讨论。

符合逻辑地表达观点

一旦你的孩子产生了令人兴奋的新想法，你能明显感觉到他按捺不住的热情和喜悦。但是，不管孩子年龄多大，你最关心的问题可能都是："他的话有意义吗？他的想法符合逻辑吗？"为了回答这一问题，不妨先听听他的各种想法之间的联系。要使孩子的能力持续发展，将各种观点符合逻辑地联系起来，并进行正确的表达至关重要。

正如我们前面所说的，在 3 岁左右，孩子应当能够开始回答"为什么"的问题，但是，如果孩子不能回答，那会怎么样呢？如果他在表达想法时存在障碍，又该怎么办呢？就像罗比，他在写关于周末活动的作文时就存在障碍，那接下来会出现什么情况呢？

提到这一点，我们又要回到围绕情感来组织思想这一话题上来。情感是核心。如果孩子能够思考却不涉及任何情感，他的思想就会随意散漫。4 岁以上的孩子在争论哪些事情对自己至关重要时，经常会展现出无懈可击的逻辑推理能力，但并不是所有的交流都存在如此强烈的情感竞争。因此，就像我和罗比提到他弟弟的问题那样，你可以吸引你的孩子从情感上参与。

如果你 6 岁的孩子真的想要某个东西，要给他出点难题，让他说说为什么想要，鼓励他争辩，这会给他很多练习逻辑的机会，同时你也要仔细地进行准备。如果他大多数时间都能回答得很有逻辑，那就继续挑战他，要求他对给出的每个要点列举出多种理由。

如果孩子自己想谈论，而且能够按照一定的逻辑提出来，那对写作文和进行口头汇报来说都是很好的基础。孩子在幼儿园第一次做口头发言通常是进行自我展示和介绍。大多数时候，这种传统的活动给孩子提供了自由展现的舞台。但是，二年级的老师可能要求学生对去博物馆参观一事进行口头汇报，对一个小学生来说，这类题目就不那么简单了，特别是当题目吸引不了他的兴趣时，会更麻烦。

表达观点是由不同的思维层次逐渐发展而成的能力，从最基本的“为什么”，到多因素思维、比较思维、灰色地带思维，最后再到真正的反思性思维。这些思维层次是如何随着孩子年龄的增长而逐步扩展的？我们如何才能跟得上孩子对某一个话题的想法？为了了解这些情况，我们以莫莉为例来说明。莫莉是一个 6 岁的孩子，她在表达观点方面存在问题。

莫莉要就自己在暑期的生活见闻做汇报。为了让她感兴趣，妈妈问她：“这个夏天，你做得最有趣的事情是什么？”莫莉想谈谈她的海滩之行。“好的，”妈妈说，“这个主题不错。海滩之行有什么有趣的事情呢？”莫莉说看到了海豚，在大海里游泳，还去坐了碰碰车。妈妈建议她把这些都画下来，画画能帮助莫莉回忆起当时玩过的东西。借助画画，莫莉在向同学们讲述暑期生活时脉络清晰，很有逻辑性。

孩子在 7 ～ 9 岁时，是发展比较思维能力的阶段。当妈妈问已经上三年级的莫莉，这个夏天有什么让她觉得非常兴奋时，她说：“今年的海滩比去年的好玩，因为我长大了，能常去坐碰碰车了。”她能根据自己的感受将今年的情况与去年的进行比较。

掌握灰色地带思维使孩子在进行讨论时能够运用“灰色阴影”思维，例如，给出几个理由，说明为什么一件事比另一件事好，其原因可以从最重要的到最不重要的，按照重要程度一一排序。对 9 岁的莫莉来说，这意味着“海滩比去年要好很多很多——如果满分是 10 分的话，去年能打 6 分，今年能打 9 分”。这样的讨论对孩子今后讨论历史事件的原因能起到很大的作用，它能帮助孩子理解细微的层次差别。

到达高级思维层次过程就像一趟艰巨而漫长的旅程。等孩子长到十几岁时，他们就进入了反思性思维阶段。无论是口头表达还是书面表达，他们不仅具有逻辑性，思维也更加缜密，而且还能对自己的书面表达和口头表达进行批判性的分析。现在，十几岁的莫莉已经具有相当强的反思性思维能力了："我喜欢海滩，因为我是一个户外运动爱好者，我不喜欢像我的有些朋友那样，整个暑假都待在家里，终日与电子游戏为伴。"最终，莫莉会用一种非常复杂的方式表达自己的反思结果。"我喜欢待在户外。一到海滩，当我仔细观察沙丘和潮水坑时，我的头脑里就会涌出各种各样的奇思妙想，我感到自己是整个海洋世界的一部分。等我老了，我打算在海边生活。"

随着孩子逐渐长大成人，当他们到达各个高级思维层次，逐渐面对更加复杂的、需要探索的话题时，他们就能借助在小学时学到的最基本的思维策略反问自己："要点是什么？我准备说什么？我需要用哪些例子来支持我的要点？"

一个关键的次要问题是："这个想法真的属于要点范围之内吗，或者它只是我认为的比较有趣的一个想法？"人们不愿意放弃有趣的想法，即使该想法与要点并不相关。你大概听到过，当一个小孩子在争辩为什么该给他买冰激凌时，原因就是他想要的这个冰激凌尝起来比其他的味道好，但是这个观点未必支持他的论证。通过绘画来理顺自己的汇报内容的孩子可能会把这些另类的观点写在额外的纸上。有的家长或者老师可能会建议："这个说法非常有趣，可能将来某个时候你会写写这个事情。为什么不先放在这里，作为一个补充性的想法呢？"孩子因此就学会了区分哪些内容是必要的，哪些不是。

创造性写作

创造性写作可能看起来与一般的作文不一样。其实，两者遵循的是相同的结构，只是前者的写作方式更细微具体而已。在创造性写作中，故事通常包含人物性格发展的相关情节，其中，所有的小事件都是为情节发展服务的。小说经常有一定的主题，每个人物都代表主题的不同方面，并起到一定的修饰主题的作用。有些小说家在不知不觉中构思出小说的结构，有些则用图解法表示错综复杂的情节。虽然可能用到图解法，但是在写作时，小说家们通常会在脑子里对自己的叙述设定一幅视觉效果图。其他的艺术家，如作曲家、演员和视觉艺术家，也是以同样的方式进行创作的。他们会有意识或无意识地创造一种结构。在这个结构中，作品的所有要素都为主题服务。

写小说、诗歌、戏剧等可能比写其他的短文更容易吸引孩子的兴趣。然而，给灵感赋予结构是一个挑战。孩子需要无拘无束地自由发挥想象，但是创造性写作也需要遵守一定的逻辑规则。

运作方式

如果孩子思路开阔、感受情感联系的能力较强，那这些都有助于他们写出脉络清晰的文章或报告。但是，即使他们有自己的想法和写作的愿望，可能还需要解决两个小问题，那就是清楚的表达能力和精细动作的控制能力。

解决这两个问题非常关键，因为它们会导致其他问题或者使其他问题更严重。这有点像行驶在 6 条车道上的车驶进了一条单行道的隧道，交通一下子变得拥堵，所有的车辆都停滞不前。孩子可能一时想不起自己想要写的内容，或者灰心丧气、焦躁易怒、坐立不安。不管是哪种情况，他都可能放弃尝试或者被另一种活动所打扰，这是小孩子处理挫败的典型方式。

在第 7 章，我们讨论了对声音进行文字表达的情况。通过对话，单个的词逐渐扩大至短语，然后扩大至句子。如果我们的目标是符合逻辑地表达思想，那么清晰地表达是第一步。如果孩子还存在语言问题，学校的辅导老师或者儿科医生可能会建议你带他去看看语言病理学家。

孩子需要发展精细动作，将自己的想法落实在写作上。显然，表达能力和书写能力不是两个连续的步骤。孩子的思维能力，以及表达能力和书写能力，都是写作的核心能力，都以各种不同的方式获得发展。

有些孩子需要大量的练习才能握住铅笔，写出工整的字母。有些孩子虽然写得很漂亮，但是要花费相当大的力气才能描出每个字母的形状，就好像他们是在画字母，而不是用手写出来一样，这样的情况也需要多加练习。

一位职业治疗师能向孩子解释正确的握笔技巧，孩子可以通过多种有趣的活动进行练习。在第 9 章，我们讨论了孩子如何从用不同的颜色信手涂鸦，到画出几何图形，再到画出不同物体，到最终会写字母。

那些精细动作控制能力发展缓慢的孩子仍然可以将自己的想法落实在纸上，通常，学会打字比学会书写要容易一些，这也是一种方法。如果打字同样让孩子感到很有挫败感，那他可以使用录音笔将自己的想法记录下来，然后听一听，再从容地将自己的想法写下来，也可以逐字逐句地写下口述的内容。

相关神经系统对精细动作系统起到了间接的支持作用。强调平衡、协调以及手眼配合的活动，如投掷、抓、踢、走平衡木、闭着双眼单腿站立、爬行、在障碍训练场上匍匐前进或者以上活动的组合等，都会促使大脑和小脑的不同部分得到发展，从而加强运动规划和排序能力。

孩子的精细动作控制能力比较薄弱时，你需要用无限的耐心来训练孩子的上述技能。记住，练习的时间间隔不宜太长，练习的方法要活泼有趣、有意义，别让孩子逃避练习，消极对抗。

质量与数量

我们在教孩子写作文时经常会犯一个错误，就是片面追求数量而不保证质量。如果有必要的话，我们最好让孩子用整整一个星期的时间来写一篇小短文，以确保孩子弄清楚写作的基本结构，而不是让孩子囫囵吞枣，一知半解，一篇接一篇地写。如果孩子连写作的基本要素还没有弄明白，那就找老师沟通，说明孩子需要另外的时间来完成作业。小学生写作文时，一次的作业量不能超过一个小时。如果孩子用 4 个小时才能完成一篇作文，那就在第二天交作业时，问问老师能否交尚未完成的作文，或者晚一点交。如果你的孩子只是在纸上随便写了些东西应付了事，那他即使高中毕业也不见得能完成大学的课业。对一个小孩子来说，五六年级时得分低并不是坏事，因为他交的并不是全部的作业。如果孩子没有认真学习写作，即使在小学时还能勉强应对，也并不意味着他能应付高中或者大学的学业。鉴于写出一篇逻辑严密的作文或者报告至关重要，孩子需要扎扎实实地学习写作这一基本技能。

尝试与孩子进行一番热烈的讨论，讨论他所持有的观点或者内心深处的愿望，这是帮助他认识到证明一个观点是多么自然的第一步。随着孩子年龄的增长，吸引孩子参与更为复杂的讨论，给他提供练习的机会，他就能更迅速地组织自己的思想，使之成为一个有序的图表，以成功地证明自己的论点。所有孩子都需要培养逻辑能力，即便是最出色的辩论者，在逻辑能力方面也有提升空间。

16
善于推理造就数学高手

在推理中学习数学，这是我们在具有情感意义的学习过程中所获得的知识基础。在孩子能数 1、2、3 之前，他们已经利用情感获得了数量感。对 2 岁的孩子来说，“很多”就是比他所期待的要多一点，“一点”就是比他希望的要少一点。当孩子在一个大甜饼和一个小甜饼之间进行选择时，通常情况下，他想拿那个大的。他能自然而然地做出选择，是因为他对结果付出了感情。孩子就是这样来培养自己对大小的概念意识的。

数学素养也依赖于各个思维层次——早期的注意层次和调节层次，以及和模式认知有关的解决复杂问题的能力层次。数学思维主要依靠基本的因果关系，包括逻辑思维和多因素思维，以及比较思维和灰色地带思维来进行发展。

如果孩子能轻而易举地背诵九九乘法表，这证明孩子的记忆力不错，但能熟练地背诵乘法表未必代表他有数学感觉。虽然他所记忆的事实是构成基本概念的基础，但这并不是数学思维的主要组成部分。

如果孩子理解和记忆这些基本的数学概念非常困难，那又该如何教他们掌握这些基本概念呢？在这里，我们要再一次回到多感官的、情绪化的、以动作为基础的经历中去。在小学的前 4 年中，我们就是利用情感经历来教孩子基本数学概念的。

数量

数学思维能力主要以视觉－空间处理能力为基础，对有视觉力障碍的儿童来说，则是以触摸为基础。孩子在开始玩泥巴、饼干、积木、玩具汽车时，就已经理解了数量概念。正是在自得其乐的玩耍中，他们学到了诸如“多”与“少”、“大”与“小”的概念。比如，你的孩子摆了两排小汽车，一排有 4 辆小车，另一排有 2 辆。你可以让孩子指指哪排车多，哪排车少。如果他回答不了这个问题，那就问问他想要哪排车。如果他喜欢汽车，他肯定会要有 4 辆车的那排。现在，你向他解释一下 4 比 2 多，所以有 4 辆车的那排多。现在，把小汽车重新排列，一排有 5 辆车，另一排只有 1 辆。再问问孩子哪排车多，哪排车少，让他试着排列小汽车，一排多的，一排少的。小汽车只是一个例子。玩法千差万别，但是万变不离其宗，都能强化孩子的数量概念。

总而言之，直到孩子能在不同的想法之间建立联系时，他们才能完全理解这一概念。也就是说，通常情况下要到 3 ～ 4 岁，孩子基本能够回答“为什么”的问题时才能理解数量概念。在这个阶段之前，只要孩子能够表现出对自己想要的东西多少的喜好，你就可以开始向孩子介绍数量的概念了。

加法和减法

一旦孩子对数量的概念有了基本感觉，我们就可以进入第二步：加和减。如果孩子在加、减方面存在问题，不妨试着用积木做些游戏。分别用 4 块积木和 5 块积木搭成火车，问问孩子哪辆火车大。如果他挑的是用 5 块积木搭成的火车，你可以给 4 块积木搭成的那辆火车再加上 1 块，然后问他："现在哪辆火车大？" 孩子可能马上就能说出正确答案。如果回答错误，你可以用更少的积木搭火车，比如 3 块积木和 1 块积木。一旦孩子回答正确，你可以问他："火车是怎么变大的？" 孩子可能会展示给你看，是加了积木之后火车才变大的。这样你就可以指着 4 块积木搭成的火车，问他："你可以把这辆火车变得和另一辆一样大吗？或者能让它变得更大吗？" 孩子就会增加积木。

一旦孩子懂得了加法，你就可以开始拿掉几块积木，让火车变小："让我们一起看看它能变得多小！" 这样，孩子就练习了加法和减法，只是没用加、减法的术语而已。

数字

通过上述练习，很多孩子可能就会开始数数，但是不一定能把数字和具体的物体联系起来。他们还没有把"1""2"与"1 块积木""2 块积木"联系起来。如果这对孩子来说很困难，那就从简单的 1、2、3 开始："这是 1 块积木，现在我们有 2 块积木，现在我们有 3 块积木。" 将积木搭成不同的形状，然后进行加、减，但是注意要使用数字。如果你用 2 块积木搭了一座小塔，就问问孩子："如果你在 2 块积木上再加上 1 块，那么现在有几块积木？"

接着，他会数出："1、2、3。"

然后你问："如果我们拿走 1 块，现在还剩下几块？"

孩子就会数出："1、2。"现在，孩子就是用数字来加、减了。

你可以继续让孩子进行这样的练习，用5块、10块甚至20块积木来搭建某种东西。从始至终都要记住，首先教给孩子数字的名称，然后再把数字写出来，以便让他知道从1到10的数字是什么样子。对有些孩子来说，可能需要几天或者几个星期的时间，这取决于他们遇到问题的难易程度以及父母投入的时间多少。如果孩子失去兴趣，可以再用另一个他感兴趣的物体进行练习，只要是能被排成直线的物体都可以。例如，让孩子吃几粒葡萄干，然后数数还剩下多少粒。这样可以帮助孩子从情感上产生对加、减法的兴趣。

物质守恒

一旦孩子掌握了数量概念的基础，你就可以让孩子再接再厉，学习物质守恒的概念。介绍物质守恒的概念意味着要让孩子理解，一个物体尽管形状有变化，但是数量保持不变，例如，一小块橡皮泥，不管是被搓成一条小蛇还是揉成一个小球，都是相同大小的橡皮泥。让孩子拿那些有延展性的物体玩耍，或者用不同形状的玻璃杯盛果汁。先分别用一个细高的玻璃杯和一个粗矮的玻璃杯装等量的果汁。用量杯量出果汁的数量。你不用对孩子说量杯上的毫升数，但是你可以数数量杯上的横杠，以便孩子能将这一数字用于计量果汁，为后面的数学推理打好基础。然后从细高的玻璃杯里倒出一点果汁。你可以问："哪个杯子里的果汁多？哪个杯子里的果汁少？"接着再用量杯量一下，你可以演示给孩子看，实际上，细高的玻璃杯里盛的果汁变少了。在孩子学会数学公式之前，重要的是让他们对这些概念有一种经验性的理解，让孩子自己去经历、去发现：等量的液体在不同形状的玻璃杯里看起来不同。

一旦孩子抓住了这些基本要素，你就可以向他介绍重量的概念。将一块球形橡皮泥和一块蛇形橡皮泥放在天平上，这样孩子就会看到它们的重量是相同的。然后给球形橡皮泥再加上一些，搓成蛇形，这样两个蛇形橡皮泥的重量就不同了。你可以问问孩子："哪一条蛇重？"让孩子挑出重的那条蛇来，然后称出重量。这样就给孩子介绍了轻和重的概念。

乘法和除法

我们可以通过玩橡皮泥做的馅饼来给孩子介绍乘、除的概念。不管是一整块大馅饼还是被切成四等份的馅饼，其分量是一样的。你可以问孩子："现在，我们有一整块'馅饼'，你想要，我也想要。我们想要一样多的馅饼，那该怎么办呢？"孩子会想到在中间切一下，这样两个人的馅饼就一样多了。现在你可以教孩子"一半"这个概念了。你可以对孩子说："好，我现在拿到的是整个馅饼的一半，你拿到的也是一半。一半就是我们把整个东西分成相同的两块。"

接下来，我们要用 4 块馅饼。你让孩子把馅饼分成 4 块。这时，孩子拿 3 块，你拿 1 块。你可以问："我们的馅饼不一样，谁拿得多？"

孩子看看手中的馅饼，会说："我拿得多，我想多要几块。"

你可以说："好吧，你想多拿就多拿。可是，我们能先拿一样多吗？咱们试试，就一会儿，然后你再多拿。可以吗？"借此看看孩子是不是真的会平均分配馅饼。

有些孩子能马上把馅饼平均分配好，特别是当他们已经会数数的时候。如果不能平均分配，他们会想办法或者碰巧把馅饼平均分配好。接下来，你可以用积木或者其他孩子感兴趣的东西来尝试，看孩子能否重复平均分配数量的过程。

为了让孩子更好地理解除法，你可以拿些毛绒玩具来充当家庭成员："你、我，还有爸爸和泰迪熊，怎样才能分到同样多的馅饼呢？你试试看，我们每个人能分多少。"孩子会先用积木试试，或者用一把钝刀子在馅饼上画出线，直到每个人都有一份。

这样很容易解释当有4块馅饼、每个人都想拿到1块时，每个人就能得到四分之一。孩子不是马上就会使用这些术语，这种做法只是让孩子对除法的概念有一个经验式的预览，帮助他学会"除以"这个词。

这个过程也同样可以用于乘法的学习。下面是妈妈和儿子一起学习乘法的例子。孩子已经能轻松地数到10了。妈妈问："现在，只有你和我，我们每个人都想要1块馅饼，那总共需要多少块？"

孩子很容易地算出来："2块。"

如果孩子说："我不知道。"那妈妈可以接着说："给我们每个人2块，看看有几块。"他数出了1、2、3、4块。下一步，妈妈拿来了泰迪熊和恐龙，重新开始。她给了每个人1块，然后又给了每个人2块，后来又给了每个人3块。一旦孩子会这样分，妈妈就解释说："有一个词可以形容我们的做法，叫作乘法。"我们有3个人，每个人拿3块馅饼，我们就把这种做法称为"3乘以3"。在这个语境下，"乘以"这个词对孩子来说是一个新鲜词。他可能还不太理解。但是他获得了乘法的经验，就是将一定的数量分配给一定的人。

随着我们继续进行这些乘法和除法的练习，我们还可以引入其他术语，如"百分比"，如果孩子很快会用了，那接下来就可以用"百分之五十""百分之二十五""百分之百"等说法。现在这样做并不是为了让孩子理解百分数或者分数的概念，而只是让他听到这些说法，感受百分数是什么。当友谊学校的孩子读到食品上的标签，比较钠和蛋白质的数量时，他们并不知道如何算出百分比，但是他们能看出钠的百分比越高，钠的含量就越高。这一基本的因果关系是逻辑思维的一部分。

视觉能力和口头运算能力

有些孩子能轻松地学会加、减、乘、除，但是他们在词汇方面存在障碍，原因是他们在将听到的内容转化成视觉内容方面存在问题，也就是说，将词汇转化成数字存在问题。有的孩子则刚好相反，他们擅长处理词汇问题，但是在处理视觉符号时却会遇到麻烦。一旦孩子在经验语境中掌握了基本要素，就像我们上面提到的那样，他们就能很容易地在口头和视觉上应对数学问题。

为帮助孩子在口头数学思维和视觉数学思维之间来回转换，练习是至关重要的。如果孩子遇到应用题，就把它扮演出来。例如，爸爸有两个洋娃娃——苏茜和波莉。出一道简单的应用题，和孩子一块读出来："如果我们想给苏茜 2 块鹅卵石，再给波莉 2 块鹅卵石，那么我们一共需要多少块鹅卵石？"爸爸在苏茜面前放了一张纸，在纸上放了 2 块鹅卵石，又在波莉面前放了一张纸，在纸上也同样放了 2 块鹅卵石。他让女儿在每张纸上写下鹅卵石的数量。然后他写下："2+2=？"，并问道："我们需要几块鹅卵石呢？"女儿能写下"4"。如果孩子写不出来，爸爸可以给孩子提供几种选择：4、5、3，让她圈出正确答案。

上述方法能将口头陈述用视觉画面生动地呈现出来。排序能力不是很好的孩子可能需要进一步练习。如果你让孩子从头练习口头运算能力和视觉能力，那么数学能力和语言能力就能互相促进。

17
学会规划时间是重中之重

很多孩子被诊断为患有组织学习障碍。组织学习障碍主要指注意力、排序和组织等几种能力存在问题，这几种能力的不足共同引起了执行能力的障碍。拥有良好的执行能力意味着你既能看到整个森林，又能看到个体的树木，并拥有执行目标和完成目标的良好规划能力。

执行能力或许比其他任何能力都更加依赖学习树的树干的力量。一方面，孩子思维能力的层次越高，他专注于学习任务、组织学习任务、给学习任务进行排序的能力就越强。例如，如果孩子已经上升到较高的思维层次，他就能反思自己在完成作业之前是否可以看电视。在反思性思维层次上，他能够对自己的行动负责，对自己潜在的情感和动机负责。

另一方面，如果孩子的组织能力不够，他就无法全面地考虑清楚自己的行动及行动后果，他会对自己说："完成作业只需要 30 分钟。我还有一整晚的时间呢。"在这个问题上，孩子的兴趣和情感投入很重要。如果对要做的事情非常感兴趣，大多数孩子都能做到专心致志，并表现出相当强的自我约束能力。但是事实上，生活中的大部分事情并不是由强烈的愿望所驱动的。

现在的问题是，如何让孩子参与并组织那些乏味无趣的事情。下面我们提出了一些实际建议。你能看出，在某种程度上，执行能力是我们在本书中所讨论的多种能力和技能的结合。只有当最初的思维能力非常扎实的时候，各种能力才能协同合作。

纵观大局

对一个在组织功课方面存在障碍的孩子来说，第一步就是把组织功课与孩子晚上的活动联系起来。组织好家庭作业就是一个常见的例子。在家里准备一块黑板，让孩子在上面列出一个活动清单，如要做的家务活、吃晚餐、写作业等。

在清单上列出每项活动任务之后，要求孩子将自己对每项活动的热爱程度按照从 0 到 10 的不同等级一一列出来。接下来，他还要列出可能需要独立完成的活动，包括愿意做的、不愿意做的、需要实际帮助的，等等。“不愿意做的”任务往往说明孩子完成这项任务缺乏把握，这常常与他缺乏信心有关系，也可能是因为这项任务是一项令人讨厌的工作，如洗碗。至于到底是因为什么，需要家长和孩子一起坐下来讨论，这样自然能找到原因。

然后，让孩子估算出完成每项任务所需要的时间。有时候家长需要插入一些告诫性的话语。如：“即使你认为作文只需要 15 分钟就能写完也不行，还记得你上个星期完成作业时，实际用的时间要更长吗？”

接下来，家长和孩子可以一起将活动的顺序安排好，例如，他先做 A（家务活）和 B（数学作业），再开始做 E（和朋友聊一会儿天）；完成 F（阅读作业）和 G（遛狗）之后，再开始做 H（玩一会儿电子游戏）。

通过列出清单，孩子能从整个大局出发，找到适合做作业的时间。做这样的分析能帮助孩子全面了解自己，使他成为一个具有反思性思维能力的人。

当然，孩子越是能够独立完成任务越好。不过，这可能是一个循序渐进的过程。一开始，家长要采取措施帮助孩子设定目标，甚至在孩子做某一科目的作业时，父母要与孩子一起坐下来，共同讨论。通过列清单，孩子的选择已经经过了深思熟虑，虽然他可能还是会偏离正常轨道，玩些别的把戏，但已经不再拿以前常常挂在嘴边的“我忘了”来搪塞了。父母帮助孩子完成最后 3 道数学难题，这样他就能轻松愉快地给朋友打个电话，这可能是必要的激励措施。要想让孩子完成自己最不喜欢的事情，外部刺激是必不可少的。通过外部刺激，可以让孩子对所喜欢的活动的积极情绪转移到不喜欢的活动上，将积极情绪与不喜欢的活动结合在一起。

不仅是家庭作业，对任何任务来说，组织有序都是非常有用的，将准备要做的事情的每个步骤写下来，组织规划好，然后进行足够的练习，孩子就会感到自己能够更好地控制更大的局面，接下来的执行过程就会成为一种习惯性行为。进行规划的习惯最终会成为他自觉自动的行为。

动机和练习

孩子总是愿意做容易、有趣的事情，逃避困难、无趣的事情，这与他是“好学生”还是“坏学生”无关。有的孩子在学习阅读和写作方面不费吹灰之力，也喜欢上学，有些孩子学起来则相当吃力，不愿意上学。因此，我们的目标是提高孩子的学习兴趣和学习技能，即使不能将学习活动变得像骑自行车或者与朋友一起玩耍那么快乐有趣，至少也不要让孩子感到厌烦。

起初，孩子们的组织和排序能力天差地别：有的孩子的某种感官能力或者运动系统优于别的孩子；有的孩子则善于口头排序，作文写得非常精彩，但是动作排序能力较弱。所以关键是针对孩子最弱的能力加大练习量。

在前几章中我们讨论过，在帮助孩子训练各项能力时，如何以充满情感意义的话题开始。如果要练习的领域是数学，那就围绕孩子的兴趣来组织数学问题。观看体育比赛有益于学习数学，因为它涉及打分和数字。但是，你要设定一个更宏观的目标。例如，假设你的孩子是一个篮球迷，你可以和他一起观看一场篮球赛，并设想一下选出最优秀选手（MVP）的整个过程。一开始，你可以和孩子讨论一下选出最优秀选手的各种相关的重要因素以及各因素之间是如何相互联系的。选出最优秀选手的过程可以用数学方式来表示。可能孩子要根据投球得分、助攻和篮板等情况来决定。你可以让孩子画一张大的图表，将双方球员的名字写下来，并将评价标准写在图表的最上方。孩子需要严格遵守制定的标准来记录赛事中每个球员的表现。比赛结束后，将每个人的分数加起来，宣布获胜球员。你可以和孩子反思一下裁判是否公正。你们都同意获胜球员在比赛中表现最佳吗？是否还有其他的重要因素没有包括进来？这些因素会改变评价结果吗？你会重新设计评判体系还是会按照同一体系进行评判？以上只是关于如何练习执行能力的一个有趣的例子，即规划大局，关注细节，给事件排序，然后对过程进行评估或者反思。

练习听从指令

在学校里，那些排序能力差的孩子普遍存在不能听从指令的问题，但是这一问题经常被忽视。

如果你怀疑孩子在听从指令方面存在问题，或者老师也注意到了这确实是个问题，你可以花几个星期的时间和孩子玩“明天该干什么”的游戏。游戏开始时，简单地说说你们每个人明天准备干什么。节奏由你来设定，先讲讲有趣的事情，再逐渐说到有困难的事情。

比利的故事

比利跟妈妈讲了他在课间休息时玩躲避球的事情，他讲了当他站在中间时，是如何得知哪一位传球员扔得最准，所以他离那个人远远的；妈妈讲了她下班后去水果店买晚饭要吃的东西，包括特意为比利买的一罐他喜欢喝的汤；比利说为了去实地考察旅行，他必须上交家长的许可意见。妈妈问比利，为了记住这件事情，他是怎么做的。起初，在讨论第二天的事情时，比利不是很愿意承认自己在听从指令方面存在问题，但是最终他愿意承认在听从艺术课程的指令方面有点问题，接下来就是解决问题的时间。

不管孩子在听从指令方面存在什么样的问题，你都可以用令人愉快的方式带他进行练习，例如，对艺术活动的要求进行详细分析，在黑板上将具体步骤一步步写出来：准备工作服、颜料、画笔、纸张；洗画笔、把画悬挂起来晾干。想一想这些任务中有比利不喜欢做的吗？人们总是很容易遗忘不喜欢做的事情。想象一下比利忘记了自己的工作服，或者将画笔忘在桌子上时会发生什么，他可能会说:“真是一团糟。”这类情感体验会促使他听从指令。

如果你的孩子喜欢这种听从指令的练习，那么诸如“跟着西蒙说的做”这类非常棒的传统游戏就能给孩子提供较好的练习机会。开始时你可以只发出一个指令，如“西蒙说摸摸你的脚趾”，然后发展到两个指令，再发展到连续三个、四个、五个指令。开始时指令发得慢一点，然后再转向较快的指令。一旦孩子找到其中的诀窍，你就可以加快速度，或者让他和另一位朋友一同听从指令，进行比赛。

寻宝游戏也是训练孩子听从指令能力的一种有效方法，就像在障碍赛场上的训练能帮助孩子发展心理排序和动作排序能力一样。父母假装“混乱”或者“懒惰”是另一种常用的方法，例如，如果孩子想让你带他去游泳池，你可以问问他需要准备些什么。让孩子一一想出来：待在泳池里的时间、泳装、泳镜、毛巾、防晒霜等。当你挑战孩子的思维能力时，孩子受兴趣驱动，就会有条理地对计划的活动排出顺序。孩子可能对家务琐事的兴趣不大。但要记住，做家务活对于培养孩子的家庭成员意识、学会排序以及提高组织能力都是有百利而无一害的。

当孩子反过来把某项活动教给你时，你就可以辨别他是否有组织能力。一旦孩子能教给你某项活动时，就代表他真正具备了组织能力。让孩子教父母玩自己喜欢的游戏，这种情况下，孩子就会受到鼓励，发展排序能力，因为他要成为主角，要说了算。你还可以问问孩子，如果他说了算的话，他打算怎么做？他会如何管理这个家？他会怎样组织晚会……试试看，你不仅会对孩子成熟的思想感到吃惊，而且还会看到，一旦孩子投入到活动中去，他会将一切安排得有条不紊。

构建学习树：
友谊学校的“再现历史”活动

本项目由教育学博士理查德·洛迪希与苏珊·桑德斯（Susanne Saunders）规划。

在友谊学校，小学生们遇到的挑战可谓五花八门。尽管如此，正如他们的老师苏珊·桑德斯所说，虽然他们无法预料自己将会面临的状况，但是他们已经习惯了“非常规的课程、夸张的戏剧性情景，以及因为某种程度的不可预测性而对即将发生的事情的期待”。

利用各种资源，三年级和四年级的学生花了几个月的时间学习美洲印第安人的风俗。他们用羚羊皮和念珠制作了精美的摇篮板；制作手工打孔并缝上蕾丝花边的皮革育儿袋；还用两根杆子当框架，制作旧式的马拉雪橇。在教室的展览架上，除了陈列着真正的文物和孩子们亲手制作的印第安文物，还有手工雕刻的克奇纳神（kachina）玩偶、用鸟儿的羽翼制作的带着斑点的扇子等。他们还学会了如何用正确的礼仪来对待祭祀用品，尊重这些精致的物品。

一天早晨，校长来到教室。他说学校有根水管裂了，要借用一部分教室来应急储备一些大箱子。于是，学生、老师和校长一齐动手，把椅子和课桌搬到一边，为那些大箱子腾出地方。然后，学生们将就着待在剩下的有限空间里。

过了一会儿，又有一位老师来到教室门口，她说学校有根水管裂了，他们要从自己的教室里撤出来，以便修理水管，而她的学生现在正在上一堂非常重要的课，这堂课无法中断，必须上完。她问能否借用一下这个教室。这些三年级和四年级的小学生颇不情愿地让出了自己的桌椅。经过一番折腾之后，他们又一次安顿下来。但是当早餐点心送来时，出现了新的问题：他们要和这些“不速之客”一起吃。有的学生开始小声抱怨起来。尽管如此，很多学生还是很乐意和“客人们”一起分享。

那些“不速之客”也一起学习了美洲印第安人的风俗，他们突然注意到了教室里陈列的物品，也产生了好奇心。接下来，发生了令人吃惊的一幕。这群“不速之客”不仅以一种极不恭敬的态度拿起文物，还把其中一些放进箱子，准备带回他们的教室去陈列。面对这些行为，老师没有表示出任何反对意见，因为这些是学校的财产，是为两个班级共同准备的。同学们听闻此言，大惑不解。他们还指望老师能帮他们出谋划策，给他们进行一番指导呢。在“不速之客”们明目张胆地拿走艺术品的过程中，来访的老师也放任自己学生的这种行为。这些劫匪一样的“不速之客”还因为新劫掠到手的战利品而沾沾自喜，相互之间拍着肩背，以示祝贺。这时，校长回来说，水管修好了，所有人都要迅速回到自己的教室。“不速之客”们走后，学生们无比震惊地站在狭窄的教室一隅，呆呆地看着展览架。

同学们再也控制不住自己的情绪了，教室里突然爆发出一片激愤的呼喊声。他们为突如其来的“大洗劫”而义愤填膺，但他们还是冷静地开始讨论下一步要做的事情：有的孩子觉得要忍让，准备清扫教室；有的孩子怒不可遏，想索要自己班里的物品。正当孩子们考虑派一个代表团去表达一下全班同学的心情时，老师带着学生们被抢走的一个手工艺品出现在教室门口。老师说，她发现一个珍贵的克奇纳神玩偶掉到地上，摔断了一只胳膊。

这太过分了！孩子们群情激愤，计划着在课间休息时对另一个班发动突然袭击，去毁坏他们班里的一些物品。一场战争迫在眉睫。

老师要求孩子们冷静下来，然后说出了事情的真相。原来，整个事件都是预先安排好的：从校长宣布水管爆裂，到他们的手工艺品被抢掠，一切都是为了造成最大的情感冲击而预先安排的。孩子们如果很愤怒，那就责备老师，而不要责备另一个班的同学。然后，老师要他们想一想，为什么老师让他们经历这样一场不愉快的事情。

孩子们恍然大悟，马上明白了：他们下一步要学习的内容就是欧洲殖民者在北美大肆掠夺，扩张殖民地。很快，他们就引起这场灾难的原因达成了一致意见。正如他们的老师所描述的：

> 外来入侵者无视我们的历史传统，不尊重我们的文化禁忌，对此，我们深感震惊。面对那些入侵者傲慢无礼的姿态，以及他们劫掠性地对待和破坏我们的文物与艺术品的行为，我们无力阻止，感到非常无助。

为了了解此事在同学们心中引起的反响，老师发动同学们进行了广泛讨论，倾听同学们的心声。老师帮助同学们分辨出谁是和平使者、谁是咄咄逼人的好战派、谁是首鼠两端的骑墙派。同学们还根据性别差异，讨论了不同的应对方法。老师用历史观点来描述这段经历，并用个人的反应来描述历史观点。她要求大家思考：从情感的角度来说，同学们对这一事件的感受如何？他们要怎样应对这一事件？

大多数人的回答是，当侵略者，以其人之道还治其人之身。

通过通力合作，老师们制造了一个新的“入侵”计划。在“入侵”之前，新的入侵者分析了哪些行为对最初的入侵者有效，哪些无效。他们很清楚自己要做什么。就这样，经过了好几个星期的沉寂，这些三四年级的学生来到了最初入侵他们的那个班级，就好像他们自己曾经经历过的情形那样，对曾经入侵他们的班级实施了同样的“抢掠”行为。最终，被入侵的班级看明白了整个侵略计划。结果是，被入侵的班级也因为被入侵而义愤填膺，情景模拟收到了良好的效果。

后来，学生们因此而获得了一系列与以前截然不同的感受。现在，他们需要仔细思考这些感受。通过对公正、权利、侵略、信仰进行深入讨论，孩子们加强了对历史事件的理解能力。老师写道：

> 我们在处理事务时，最基本的不公正引起了很多人内心深处的触动。在发生的各种事件中，学生们能清楚地感受到自己是如何从不公正的事件中受益的。虽然受益者会对“受害者”报以某种同情，但是大多数人都不会让这份同情影响自己的行为。因为他们之前也曾经深受其害，所以他们感到，在某种意义上，对别人冷酷无情恰好证明自己的行为是正当的、公平的。他们谈到了人与人之间的各种差异，以及他们为了个人利益愿意做到什么程度，等等。学生们探索了内心“富有”的愉悦感，对正在发生的事情有更“渊博的知识”，对自己的目标更加明确。

不管哪个孩子，不管他是否存在学习障碍，都可以从这一事件体验中受益。尽管如此，也不代表这一经验适合所有的孩子。适合与否，关键要看孩子所处的思维层次如何。如果制造一场相同的入侵或者被入侵的情景，在某所学校的孩子身上进行尝试，而这些孩子还不具备这么复杂的理解能力时，孩子就会感到自己受到了其他孩子的侮辱。因为他尚不能退后一步看待问题，不能对这一状况进行反思，无法理解这只是一个情景模拟。

未来，属于终身学习者

我这辈子遇到的聪明人（来自各行各业的聪明人）没有不每天阅读的——没有，一个都没有。巴菲特读书之多，我读书之多，可能会让你感到吃惊。孩子们都笑话我。他们觉得我是一本长了两条腿的书。

——查理・芒格

互联网改变了信息连接的方式；指数型技术在迅速颠覆着现有的商业世界；人工智能已经开始抢占人类的工作岗位……

未来，到底需要什么样的人才？

改变命运唯一的策略是你要变成终身学习者。未来世界将不再需要单一的技能型人才，而是需要具备完善的知识结构、极强逻辑思考力和高感知力的复合型人才。优秀的人往往通过阅读建立足够强大的抽象思维能力，获得异于众人的思考和整合能力。未来，将属于终身学习者！而阅读必定和终身学习形影不离。

很多人读书，追求的是干货，寻求的是立刻行之有效的解决方案。其实这是一种留在舒适区的阅读方法。在这个充满不确定性的年代，答案不会简单地出现在书里，因为生活根本就没有标准确切的答案，你也不能期望过去的经验能解决未来的问题。

而真正的阅读，应该在书中与智者同行思考，借他们的视角看到世界的多元性，提出比答案更重要的好问题，在不确定的时代中领先起跑。

湛庐阅读 App：与最聪明的人共同进化

有人常常把成本支出的焦点放在书价上，把读完一本书当作阅读的终结。其实不然。

时间是读者付出的最大阅读成本

怎么读是读者面临的最大阅读障碍

“读书破万卷”不仅仅在“万”，更重要的是在“破”！

现在，我们构建了全新的“湛庐阅读”App。它将成为你“破万卷”的新居所。在这里：

- 不用考虑读什么，你可以便捷找到纸书、电子书、有声书和各种声音产品；
- 你可以学会怎么读，你将发现集泛读、通读、精读于一体的阅读解决方案；
- 你会与作者、译者、专家、推荐人和阅读教练相遇，他们是优质思想的发源地；
- 你会与优秀的读者和终身学习者为伍，他们对阅读和学习有着持久的热情和源源不绝的内驱力。

下载湛庐阅读 App，
坚持亲自阅读，
有声书、电子书、阅读服务，
一站获得。

图书在版编目（CIP）数据

轻松提高成绩的学习树法 /（美）斯坦利·格林斯潘，（美）南希·桑代克·格林斯潘著；李瑾译. -- 北京：中国财政经济出版社，2022.6

书名原文：The Learning Tree

ISBN 978-7-5223-1406-8

Ⅰ. ①轻…　Ⅱ. ①斯…　②南…　③李…　Ⅲ. ①学习方法　Ⅳ. ① G442

中国版本图书馆 CIP 数据核字（2022）第 074853 号

责任编辑：尉　敏　　　　责任校对：胡永立

封面设计：ablackcover.com　　　　责任印制：张　健

轻松提高成绩的学习树法

QINGSONG TIGAO CHENGJI DE XUEXISHU FA

中国财政经济出版社　出版

URL：http://www.cfeph.cn

E-mail:cfeph@cfemg.cn

（版权所有　翻印必究）

社址：北京市海淀区阜成路甲 28 号　　邮政编码：100142

营销中心电话：010-88191522

天猫网店：中国财政经济出版社旗舰店

网址：https：//zgczjjcbs.tmall.com

唐山富达印务有限公司印装　　各地新华书店经销

成品尺寸：170mm×230mm　　16 开　　15.75 印张　　217 000 字

2022 年 6 月第 1 版　　2022 年 6 月河北第 1 次印刷

定价：79.90 元

ISBN 978-7-5223-1406-8

（图书出现印装问题，本社负责调换，电话：010-88190548）

本社图书质量投诉电话：010-88190744

打击盗版举报热线：010-88191661　　QQ：2242791300